Martin Wehrle

Echte Angler weinen nicht

50 neue Geschichten

Einbandgestaltung: Karin Hauptmann

Alle Illustrationen stammen von Karin Hauptmann.

Alle Angaben in diesem Buch wurden nach bestem Wissen und Gewissen gemacht. Für einen eventuellen Missbrauch der Informationen in diesem Buch können weder der Autor noch der Verlag oder die Vertreiber des Buches zur Verantwortung gezogen werden. Eine Haftung für Personen-, Sach- und Vermögensschäden ist ausgeschlossen.

ISBN 978-3-275-02075-1

Copyright © by Müller Rüschlikon Verlag
Postfach 103743, 70032 Stuttgart
Ein Unternehmen der Paul Pietsch Verlage GmbH & Co. KG

2. Auflage 2021

Sie finden uns im Internet unter www.mueller-rueschlikon-verlag.de

Nachdruck, auch einzelner Teile, ist verboten. Das Urheberrecht und sämtliche weiteren Rechte sind dem Verlag vorbehalten. Übersetzung, Speicherung, Vervielfältigung und Verbreitung einschließlich Übernahme auf elektronische Datenträger wie DVD, CD-ROM usw. sowie Einspeicherung in elektronische Medien wie Internet usw. ist ohne vorherige Genehmigung des Verlages unzulässig und strafbar.

Lektorat: Frank Weissert
Innengestaltung: Karin Hauptmann
Druck und Bindung: Graspo CZ, 76302 Zlin
Printed in Czech Republic

Inhalt

6	Vorwort: Fische im Schlafzimmer
8	Angler-Steckbriefe: Die sieben Musketiere
14	Das Schweigen der Fänger
15	Der Fischflüsterer
16	Der blonde Angel-Engel
27	Wer fängt, hat Recht?
28	Warum Fische nicht stumm sind ...
30	Staffellauf zum Angelplatz
32	Das Geheimnis im Moor
35	Das Blech der Weisen
36	Alpen-Forelle oder Ostsee-Dorsch?
38	Das Guiding des Grauens
49	Kurz vorm Kescher
50	Welsangler mit Barteln
52	Die Großforelle und die »Terror-Enten«
60	Angeln ist (un)gerecht!
62	Ich sehe Bisse, die du nicht siehst
63	Skandal beim Köderkauf
68	Fischleerer Raum
69	Angelwetter aus China
70	Die Selbsthak-Therapie
71	Die verrückte Barsch-Wette
76	Angel-Schach
77	Die Legende vom Strandbad-Hecht
84	Die Angel-Diät

86	Das Hecht-Wunder
88	Der Wahnsinns-Aal
93	Wer pfeift Angeltage ab?
94	Warum Angelpäpste nie zurücktreten
95	Die zehn lustigsten Arten, einen Fisch zu verlieren
101	Zauberbesen mit Ringen
102	Die Blinker-Sünde
104	Der Angel-Opi
109	Der Fluch des Sommers
110	Der unsichtbare Egon
111	Der Überfall beim Nachtangeln
121	Fänger statt Anfänger
123	Die Futterplatz-Falle
129	Die Sieger-Pose
130	Ein Sommerloch voller Forellen
132	Der ausgeraubte Gerätehändler
139	Der Großmaul-Angler
141	Das blaue Wobbler-Wunder
142	Der Angelplatz-Dieb
148	Gefährliche Nacht
149	Die verpuffte Heldentat
150	So sprechen Sie Anglerlatein!
158	Verhexte Löcher
159	So gehen Sie über Bord!

Fische im Schlafzimmer

Liebe Leserin,
lieber Leser,
vor ein paar Jahren habe ich »Angeln ist irre« veröffentlicht, ein Buch mit 50 Angelgeschichten. Es stieg zum Bestseller auf, zum beliebtesten Geschenk für Angler. Umso verblüffter war ich, als sich neulich eine Leserin am Telefon beschwerte:
»Sie sind schuld, dass ich nicht mehr schlafen kann!«
»Wie meinen Sie das?«, fragte ich.
»Eigentlich liest mein Mann keine Bücher. Aber seit er ‚Angeln ist irre' von mir bekommen hat, übertreibt er es: Das Licht auf seiner Bettseite brennt bis 3 Uhr nachts.«
»Und deshalb können Sie nicht schlafen?«
Sie atmete schwer, als würde sie gerade einen Waller drillen.
»Könnte ich wohl! Aber er bricht alle zehn Minuten in lautes Gelächter aus. Das weckt mich auf!«
Ich wollte mich schon entschuldigen, dass mein Buch wohl den zulässigen Grenzwert an Humor überschritten hat, da fügte sie hinzu: »Und jetzt habe ich einen Wunsch an Sie!«
»Schlaftabletten?«, fragte ich.
Sie stieß ein kurzes, hohes Kichern aus, wie das Piepen eines Bissanzeigers. »Nein, ein neues Buch mit Angelgeschichten! Er hat bald Geburtstag – und soll das Lesen nicht verlernen ...« Nebenbei erfuhr ich, dass die Anglerfrau das Buch selbst gelesen und sich prächtig amüsiert hatte: »Ich dachte oft: Jetzt das Buch schütteln, dann fallen mein Mann und seine Angelkumpels aus den Seiten! Langsam dämmert mir, was er am Angeln findet.«
So einfach ist es also, einen Beitrag zur Völkerverständigung zwischen Anglern und nicht angelnden Frauen (oder umgekehrt) zu leisten? So einfach, für mehr Freude in den Schlafzimmern zu sorgen? So einfach, die Flagge der Lesefreude vom Halbmast nach ganz oben zu hissen und Anglern die eigentlich sinnlose Zeit, also jede Nicht-Angelminute, zu versüßen?
Na gut, hier ist das neue Buch: »Echte Angler weinen nicht – 50 neue Geschichten«.

Beim Lesen werden Ihnen unter anderem begegnen:

Ein blonder Angel-Engel (mit langen Beinen, ohne Flügel), der allen im Verein die Köpfe verdreht und schließlich zum Nachtangel-Date ausgeführt wird. Die Sache endet dramatisch.

Ein frisch gebackener Angelguide, der sofort mit einer Naturkatastrophe konfrontiert wird: seinem ersten Gast. Die Sache wird teuer.

Zwei »Terror-Enten«, die alles daran setzen, dass eine schon fast gehakte Großforelle eben nicht im Kescher des Anglers landet. Die Sache kostet Nerven.

Ein harmloser Zanderangler, der eines Morgens vor der Tür seines ausgeraubten Gerätehändlers steht – und noch am selben Tag dringend einen Anwalt braucht.

Und ein Angelplatz-Dieb, der scheinbar aus Gier die beste Stelle des Sees Tag und Nacht besetzt hält – bis herauskommt, was wirklich mit ihm los ist.

Also: viel Spannendes, viel Lustiges, viel Überraschendes. Und Achtung, falls Sie dieses Buch verschenken wollen, auch an sich selbst: Zu den bekannten Nebenwirkungen gehört neuerdings nächtliches Gelächter!

Viel Spaß beim Lesen wünscht Ihnen Ihr

Angler-Steckbriefe: Die sieben Musketiere

Was macht das Angeln spannend? Nicht nur die Fische – auch die Kollegen! Welche Anglertypen gibt es? Und wie sehen ihre Macken aus? Diese Angler-Steckbriefe führen Ihnen sieben schräge Typen vors Auge.

Glauben Sie, dass viele Köche den Brei verderben? Ich bin da beim Angeln anderer Meinung. Ein Salz dieser Suppe sind die Angelkollegen. Man trifft sie immer, sogar um Mitternacht, und überall, sogar in Kanada. Sie sind Engel, wenn sie mit einem Tauwurm aushelfen. Sie sind Teufel, wenn sie den angefütterten Angelplatz blockieren. Sie bereichern das Hobby. Lassen Sie mich die Angler in Typen gliedern. Wetten, dass Ihnen viele davon schon einmal begegnet sind?

Der Großfisch-Jäger

Er hat die Geduld, das Glück und ein Großfischgewässer gepachtet. Sein erster Wohnsitz ist ein Brolly Camp. Er wurde schon überall gesichtet, vom Hintertupfinger Wiesenbach bis zum Lac Cassien. Ich begegne ihm mit Respekt und Sprachschwierigkeiten; Begriffe wie »Crankbait«, »Minnow« und »Topwater Stickbait«, wie »Helicopter Rig«, »Rig Bead« und »Unhooking Mat« verwendet er so selbstverständlich wie seinen Fischzähler.
Wenn er in meiner Nähe angelt, erstaunt mich nichts: ob Großfischdrill oder Bissanzeiger-Großalarm. Jeden Fisch bettet er weich auf eine Abhak-Matte, spart nicht mit Küsschen und setzt ihn nach einer dreistündigen Fotosession mit gewitterreifem Blitzlicht zurück. Kollegen, die es wagen, Fische zu essen, betrachtet er als Kannibalen – da ihm selbst Flossen gewachsen sind, wo früher Hände waren.

Der Geheimniskrämer

Er schweigt wie das Grab eines englischen Geheimagenten. Tags verschanzt er sich hinter Schirmmützen, Polarisationsbrillen und den Rauchwölkchen seiner Pfeife. Wie erfolgreich er ist, weiß keiner. Seine Fische drillt er nachts oder dann, wenn ihn niemand beobachtet. Gerüchte besagen, er sei für den sinkenden Wasserspiegel unseres Sees verantwortlich.

Ich kann ihn gut riechen. Einfach deshalb, weil er sein Markenzeichen, 27 Fläschchen mit geheimnisvollen Duftstoffen, stets mit ans Wasser nimmt. Nur einmal hatte ich Streit mit ihm: Er fütterte bei Nacht und Nebel per Schleuder Boilies an. Dabei traf er einen 170-Pfünder am Kopf, der vom Boot auf Aale angelte. Die Boilies waren hart, der 170-Pfünder war ich.

Der Funktionär

Sein großer Auftritt wartet bei der alljährlichen Generalversammlung. Dann trägt er eine Krawatte und die Verantwortung; dann nimmt er den Mund voll und sich wichtig. Dann macht er, der tolle Hecht, sich zum Verteidiger seiner Artgenossen. Seine Vorschläge wiederholen sich: Ein Schongebiet dort, wo ich meine Seerosen-Karpfen fange. Eine Schonzeit dann, wenn der Hecht läuft. Geboten sei dies, verboten das, erlaubt gar nichts. Boilies seien Gift, Japan-Wobbler Sprengstoff, Setzkescher fragwürdig und Gemeinschaftsangeln dekadent. Der Funktionär schwingt seinen Bierkrug und große Reden. Doch die Angelrute schwingt er anscheinend nie. Der »Schwimmer« ist für ihn ein Sportler, der »Blinker« eine Signalvorrichtung am Auto, die »Rute« ein Reiserbündel zur Züchtigung. Dafür kennt er das Landesfischereigesetz und die Vereins-Satzung auswendig. Na dann: Justitia Heil!

Der Angeber

Er sammelt Pokale, Fischtrophäen und Ruhm. Sein Geldbeutel platzt, im Gegensatz zu seinem Keschernetz, aus allen Nähten: Die Fangfotos sind es, die so viel Platz brauchen. Er hält sie jedem Passanten oder Kollegen, der nicht schnell genug flüchtet, unter die Nase: Mal als Papierbild, was praktisch ist, weil er dann noch ein Autogramm darauf kritzeln und das Kärtchen verschenken kann; mal als Digitalfoto auf dem Handy, ergänzt durch einen hollywoodreifen Fangfilm, gegen den »Der weiße Hai« nur ein Gähner ist.
Kein Foto, zu dem er nicht die passende Fanggeschichte erzählt: Die »Wasserfall-Forelle« an der Fliegenrute, der »Bojen-Hecht« am Barsch-Geschirr, die »Auslauf-Schleie« auf der Köderfischsenke – ich kenne jedes Wort auswendig. Auch den abschließenden Satz: »Das sind natürlich nur Durchschnittsfänge. Die Bilder der ganz Großen habe ich ins Album geklebt. Man ist ja schließlich kein Angeber.«

Der Anfänger
Kein Meister fällt vom Himmel? Von wegen: Er hat die Sportfischerprüfung ohne Fehler bestanden. Seitdem hält er sich für einen verdammt guten Angler. Ich bekomme das zu spüren. Er belehrt mich in rechtlichen Fragen. Ich schweige und angle. Er dagegen entwirrt Schnurperücken, löst Hänger auf Hänger, holt seine Kunstköder durch affenartiges Klettern von diversen Bäumen und hat schon zwei Drillinge im Wollpullover hängen.
Gefährlich wird es, wenn er auswirft. Sollte das 150-Gramm-Blei diesmal in meine Richtung fliegen, hätte der Gesichtschirurg viel zu tun. Doch das Blei fliegt geradeaus. 150 Meter weit, mein Nachbar hatte den Bügel nicht geöffnet, Schnur ab. Künstlerpech. Doch der nächste Wurf sitzt – über meinen Schnüren. »Entschuldigung«, murmelt er und kurbelt blitzschnell ein. Ich greife ahnungsvoll nach meinen Ruten. Zu spät, sie schlittern schon über den steinigen Boden. »Doppelbiss!«, brüllt mein Nachbar begeistert – und kurbelt eifrig weiter.

Der Glückspilz
Er ist, davon bin ich fest überzeugt, ein miserabler Angler. Tausend Fehler sprechen für seine Unfähigkeit. Doch etwas Entscheidendes spricht dagegen: seine Fänge. Denn egal, wo, wann, wie und auf was er angelt: Die Fische reißen sich um seinen Köder und pfeifen auf sämtliche Regeln der Angelkunst.
Mir ist es unerklärlich: Die Schleien zerren seine Korkboje unter Wasser; an meiner feinen Waggler-Pose nippen sie nur. Die Karpfen läuten an seinen Aalglocken Sturm; mein Silberpapier bewegt sich nicht. Er hört laut Kofferradio und lockt die Fische damit an; mir nehmen sie schon ein Niesen übel. Er lässt seinen Schatten beim Bachangeln vorauseilen und fängt; ich bin die Vorsicht und leider auch der Schneider in Person. Kurz gesagt: Er hat das Glück, ich habe das Nachsehen. Wenn das keine verkehrte Unterwasser-Welt ist!

Der Schmarotzer
Er zieht mir angeluntaugliche Würmer aus der Nase, stellt Fragen und Fallen: »Fütterst du zur Zeit den Platz bei den Birken an?« Ich werde madenbleich. »Nein«, antworte ich betont gleichgültig. »Dann ist ja

gut«, murmelt er vielsagend. »Was soll das heißen?«, frage ich. »Nun ja«, entgegnet er, »bei den Birken füttert seit drei Wochen jemand an. Ich habe das mit dem Fernglas beobachtet. Wer es ist, weiß ich nicht. Jedenfalls will ich es dort morgen auf Karpfen versuchen.«
Aha! Der Schmarotzer will mir meine Karpfen wegfangen. Nicht mit mir. Dann gehe ich morgen schon um vier Uhr früh ans Wasser. Es ist noch dunkel, als ich ankomme. Mein angefütterter Angelplatz wirkt grün. Was? Da steht ja ein Schirmzelt. Ich schmeiße meine Taschenlampe an. Der Schmarotzer grinst in den Lichtkegel. »So früh schon unterwegs?«, fragt er mit Heiligenschein. »Gut so! Heute beißen die Karpfen. Ich habe seit Mitternacht schon drei Kapitale gefangen.« Mir wird schwarz vor Augen, nur deshalb sehe ich kein Amok-Rot. Schelmisch fügte er hinzu: »Würde mich interessieren, welcher Kollege so nett war, hier anzufüttern. Gut, dass du es nicht warst, sonst würdest du dich bestimmt ärgern ...«

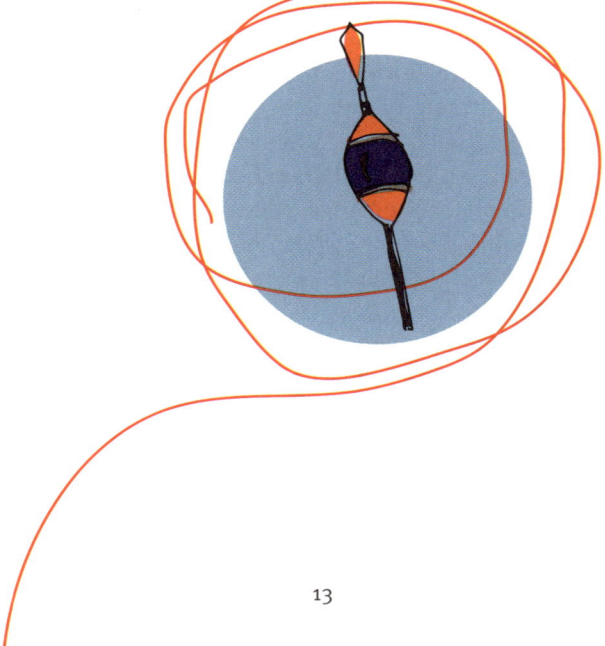

Das Schweigen der Fänger

Es gibt nur zwei Sorten von Anglern: den Fänger und den Nicht-Fänger. Auf den ersten Blick sind beide schwer zu unterscheiden. Jeder spielt eine Rolle, die in krassem Kontrast zu seinem Angelerfolg steht. Wahre Fänger geben sich mit Vorliebe als Nicht-Fänger aus. Wahre Nicht-Fänger blasen sich zu Fängern auf.

Schauen Sie sich um an Ihrem Gewässer. Bestimmt kennen Sie einen, der seinen Großhecht mit Trommelwirbel durchs Anglerlokal trompetet. Wahrscheinlich hat er den Fisch nur am Haken seiner Fantasie gelandet. Sogar bei echten Fängen gilt: Wie eine Schwalbe noch keinen Sommer macht, macht ein Kapitaler noch keinen wahren Fänger. Der Fang müsste die Regel sein, nicht die Ausnahme.

Mit dem großmäuligen Fänger verhält es sich wie mit einem Bettelarmen, der 50 Euro auf der Straße findet, eine Runde fürs ganze Lokal schmeißt und alle von seinem »Reichtum« wissen lässt. Je lauter der Bericht, desto seltener das Erlebnis. Der wahre Fänger gleicht dem Multi-Millionär: Steinreiche sprechen nicht über Geld, sie haben es einfach. Warum sollten sie auch den Neid der Besitzlosen schüren?

Mein Kollege Erwin, der Malermeister aus dem Nachbardorf, war so ein Fisch-Millionär, ein schweigender Fänger. Niemand kannte den Stand seines Fang-Kontos; man ahnte ihn nur! Am laufenden Band sah man Erwin in seinem weißen Ruderboot drillen. Und dann, nach einer kleinen Ewigkeit, wuchtete er den Keschersack mit dem unterdrückten Stöhnen eines olympischen Gewichthebers ins Boot.

Am Abend stiefelte er, zwergenhaft gebeugt unter seinem Riesenrucksack, zum Parkplatz. Neugierige Kollegen passten ihn ab: »Na, was gefangen, Erwin?« – »Ja.« – »Was denn?« – »Einen Hecht.« – »Wie groß?« – »Hab' ihn nicht gemessen.« – »Einen großen?« – »Geht so«.

Im Klartext: ein Millionenfang, mindestens 1,20 Meter lang.

Merke: Reden ist Silber – Schweigen ist Gold(fisch)!

Der Fischflüsterer

Der Hecht wog etwa zehn Pfund. Im flachen Wasser vor der Schilfkante hatte ich ihn erspäht. Und nun tat ich das, was eigentlich Fotomodelle auf dem Laufsteg tun: Ich führte meine Kollektionen vor, die Mode des Herbstes.

Ein Wobbler im rot gestreiften Cocktailkleidchen. Ein Gummifisch mit grünem Augen-Make-up. Ein Spinner im kurzen schwarzen Blattrock. Aber all diese Modelle, besser gesagt: Models ließen den Fisch kalt. Er schien sich einen Spaß daraus zu machen, sie ohne jedes Flossenzucken an seinem Maul entlang rasieren zu lassen. Zehn Minuten lang.

Sollte ich aufgeben? Von dem 10-Pfund-Hecht ablassen? Einfach weiterlaufen, als würde dort nichts im Wasser lauern? Dann hätte ich auch einen Lottoschein mit Gewinn in den Ofen schieben können! Also legte ich eine Pause ein, zermarterte mir das Hirn und trat unruhig von einem Bein aufs andere. Der Wolf sollte nun mein Rotkäppchen, den Wobbler mit rotem Kopf, vors Maul bekommen. Wieder klatschte mein Köder ins Wasser. Wieder wackelte er am Hechtmaul vorbei. Wieder rührte sich nichts. Wut auf den Hecht packte mich. War er denn nur ein Lockvogel, der mich für die beliebte Fisch-TV-Sendung »Verstehen Sie Unterwasser-Spaß?« lächerlich machen sollte? Oder war er zu dumm, zu krumm, zu stumm zum Fressen?

Während diese Fragen wie ein wütender Hornissenschwarm durch meinen Kopf schwirrten, lief mein Wobbler gerade wieder am Hechtmaul vorbei. »Nimm ihn endlich!« flüsterte ich. Das Nächste, was ich sah, war ein mächtiger Schwall. Ein grüner Blitz traf meinen roten Köder. Die Rute legte sich krumm. 9 Pfund und 350 Gramm.

Seit diesem Tag bin ich beim Angeln gesprächig. Meiner Pose sage ich »Geh' unter!« – schon ist sie weg. Dem Wels flüstere ich im Drill »Komm endlich« – schon findet er den Weg in den Kescher. Und das Kommando »Steig!« lässt die Forellen im Wiesenbach zur Oberfläche sausen – und meine Trockenfliege in ihrem Maul verschwinden. Wer aber zischt »Dann lass' es halt!«, wenn ein Großbarsch abdreht, darf sicher sein: Dieser Fisch kommt niemals, niemals wieder!

Echte Fischflüsterer sind Optimisten. Deshalb fangen sie mehr. Probieren Sie es aus. Und flüstern Sie es weiter!

Der blonde Angel-Engel

Eine bildhübsche Anglerin ist neu im Verein. Und alle Männer wollen sie ans Wasser begleiten. Einer zieht das große Los: Nachtangel-Date. Doch der Abend nimmt eine unerwartete Wendung.

Kein Applaus war es, mit dem die neuen Mitglieder unseres Angelvereins bei der Versammlung begrüßt wurden: Es war ein Jubelsturm wie am Ende eines Rockkonzerts. Hundert Männer klatschten, bis die Hände glühten. Der Grund für diese Begeisterung war etwa 1,75 Meter groß und schlank wie ein Wildkarpfen, aber ohne jede Schuppe in der blonden Lockenpracht. Ihre Augen waren so blau wie unser Vereinssee im Frühjahr. Die niedlichen Grübchen in ihren Wangen sahen aus wie winzige Laichkuhlen in einer Sandbank. Und der frische Parfümgeruch, den sie verströmte, stellte mein bestes Flavour in den Schatten. Nadine hieß dieser blonde Angel-Engel, der wie aus dem Nichts in unserem Verein gelandet war.

Zusammen mit ihr war ein Mann in den Verein eingetreten, dem der Jubel sicher nicht galt: Alexander, ebenfalls Mitte 20. Aber sein Körperbau – offenbar war er Bodybuilder – glich eher einem Spiegelkarpfen. Und die Tatsache, dass er kein Bier in der Kneipe bestellte, sondern seinen eigenen Energiedrink mitgebracht hatte, sorgte für Kopfschütteln.

Eigentlich haben es neue Mitglieder schwer. Wir Erfahrenen tun alles, um unsere Geheimnisse für uns zu behalten. Doch Nadine bekam von allen Seiten Telefonnummern zugesteckt. Jeder wollte sie bei ihren ersten Ausflügen an unsere Vereinsgewässer begleiten.

Himmlische Nächte

Die Zandersaison hatte gerade begonnen, vor allem Einladungen zum Nachtangeln standen hoch im Kurs. Wahrlich nicht die übelste Vorstellung, mit diesem Angel-Engel unter einem klaren Sternenhimmel zu sitzen, umschwirrt von Fledermäusen, umzirpt von Grillen – und mit sinkender Temperatur käme man sich näher …

Muss ich erwähnen, dass auch ich ihr meine Visitenkarte zuschob? Am liebsten hätte ich das Wort »Angelautor« mit Textmarker hervorge-

hoben und ein gewidmetes Buch beigefügt, um ihr zu signalisieren: Ich bin der beste Lehrmeister von allen! Das galt aber nur, wenn ich nicht wieder über eine Wurzel am Ufer stolperte und der Länge nach auf meine Zweitrute fiel. Oder nicht den Anhieb mit der falschen Rute setzte, weil ich die Posen wieder mal verwechselt hatte. Doch solche Missgeschicke, die Angelautoren ebenso oft wie anderen Anglern passieren, kommen in unseren Büchern glücklicherweise nie vor.

Ein paar bange Wochen vergingen, dann klingelte mein Telefon. Eine Stimme, sanft wie Sommerwind im Schilf, säuselte am anderen Ende der Leitung: »Hier ist Nadine, hey!« Mein Herz wusste nicht, ob es aussetzen oder losrasen sollte. Ich schnappe nach Luft wie eine Forelle bei Sauerstoffmangel. »Hast du Lust, morgen mit mir auf Zander zu angeln?«, fuhr sie fort. »Ich habe gehört, dass du der beste Zanderangler an unserem See bist. Soll schwierig sein.«

Wäre ich ein Zander gewesen, mein Kamm wäre mächtig angeschwollen! Offenbar hatte ich einen guten Ruf! Mit Recht, denn meine Zanderfänge konnten sich sehen lassen. Und das nur, weil ich einen Geheimplatz kannte: zwei Löcher im Grund, unweit eines Bacheinlaufs. Niemals hätte ich ein männliches Mitglied oder gar einen Neuling an diese Stelle mitgenommen. Aber vor einem Engel brauchte ich keine Geheimnisse zu haben. Ich nahm mir vor, ihr den Zander ihres Lebens an den Haken zu bringen. Auf dass sie diese Nacht nie vergäße. Diese Nacht mit mir!

Cool am Telefon

Um nicht ins Telefon zu jubeln, sagte ich cool: »Du weißt ja, der Zander ist ein Nachtfisch. Wir sollten uns morgen um 21 Uhr am Einlauf des Baches treffen. Einverstanden?« Kurz durchzuckte mich der Gedanken, sie könnte an diesem Abend längst ein Date haben. Aber nein, sie stimmte freudig zu.

Am nächsten Tag machte ich mich fertig zum Angeln. Eigentlich lege ich dabei auf Kleidung keinen Wert. Meine Hosen sind fleckig, an den Hemdsärmeln klebt oft noch getrockneter Brassenschleim, und meine Stiefel hinterlassen auf der Fußmatte des Autos wahre Erdschollen. Doch diesmal pickte ich mir die frischeste und beste Angelkleidung heraus, die ich im Schrank finden konnte, dazu noch ein flottes Halstuch in Hellblau und die feschen Wanderschuhe. Mindestens fünfmal spazierte ich am Spiegel entlang und zupfte die Kleidung zurecht. Nach frischer Rasur und üppigem Aftershave-Einsatz war ich zufrieden. Ja, so konnte ich einem Engel gegenübertreten.

Schon um 18 Uhr war ich am Wasser und stippte Köderfische, was das Zeug hielt. Unsere Zander nahmen mit Vorliebe Lauben, die ich vor dem Anködern mit dem Messer mehrfach einschlitzte, um ihren Geruch zu verstärken – auch das war eines meiner Geheimnisse, die ich mit niemandem teilte.

Um kurz vor 21 Uhr raschelte es hinter mir im Gras der Böschung, und dann schwebte sie am Ufer ein. Ihre blonden Locken flatterten so hell im Abendwind, als trüge sie einen Heiligenschein. Und der Geruch, den sie verströmte, hätte eigentlich zu einem Ansturm sämtlicher laichreifer Zander des Sees führen müssen. Nur weil ich wusste, dass eine Umarmung unangemessen wäre – zumindest noch – beließ ich es bei einem kameradschaftlichen Händeschütteln: »Willkommen zur Zandernacht.«

»Die Nacht ist sicher«, sagte sie und lachte. »Aber sind es die Zander auch?«

»Klar«, gab ich vollmundig zurück. »Wenn du weißt, in welche Löcher du werfen musst, wird es klappen. Vor allem haben wir mehr als genug Köderfische.«

Eimer voller Silber
Stolz präsentiere ich einen Eimer, der aussah wie mit Silber gefüllt: alles Lauben.

»Wow«, sagte sie, »dann hoffe ich mal, dass du im Zanderfangen auch so gut wie im Köderfischangeln bist.«

»Mindestens«, behauptete ich.

Ihr Lächeln leuchtete durch die Dämmerung. Ich half ihr beim Montieren und zeigte ihr, wie man die Lauben auf den Haken fädelt und an welcher Stelle sie geritzt werden. Dann leitete ich sie beim Wurf an. Nach einigen Versuchen hatte sie eines der Löcher mit ihrem Grundblei perfekt getroffen. Nun saßen wir nebeneinander am Ufer, Klappstuhl an Klappstuhl. Die Nacht warf ihr dunkles Tuch über uns aus. Fledermäuse schnitten durch die Luft, Grillen zirpen, und manchmal plätscherte es auf dem Wasser. Ganz still saß sie neben mir, den Blick an ihre Grundruten geheftet.

»Hast du denn schon mal einen Zander gefangen?«, wollte ich wissen.
»Nein«, sagte sie. »ich habe gerade erst die Sportfischerprüfung gemacht. Ich bin Anfängerin.«
»Und wie kommt es, dass du dich fürs Angeln interessierst?«
»Es liegt in der Familie.«
Aha, der Vater war also Angler. Wahrscheinlich einer, der mit seinem Grundblei nicht mal ein Scheunentor traf. Kein Wunder, dass das Töchterlein meine Gesellschaft beim Nachtangeln vorzog. Schließlich wollte sie etwas lernen von mir. Und vielleicht noch mehr!
»Was ist das?«, fragte sie. Ihre Schnur wurde vorsichtig von der Rolle gezupft.
»Das ist ein Biss«, gab ich erfreut zurück.
Sie beugte sich zu ihrer Rute hinab, umfasste zärtlich den Griff und gab Schnur. »Wann soll ich anschlagen?«
»Warte, bis er einmal anhält und dann wieder losschwimmt. Dann hat er den Köder im Maul umgedreht und schluckt ihn Kopf voran.«

Anhieb!
Sie nickte folgsam. Ich rückte ein Stück näher, mit dem Kescher in der Hand. Der Zander nahm nur ganz wenig Schnur. Nach einer Weile stand er völlig. »Jetzt«, sagte ich. Und sie schlug an.
»Hängt er?«, fragte ich.
»Fühlt sich nicht so an.«
Tatsächlich tauchten im Licht der Taschenlampe nur das Birnenblei und der halbe Köderfisch auf – offenbar ließ sich ein Zander die andere Hälfte gerade schmecken. »Beim nächsten Mal klappt es«, ermutigte ich sie. Wir erneuerten den Köderfisch, und sie warf wieder aus. Ich führte ihr dabei sanft den Arm, damit sie auch bei Dunkelheit ins Ziel traf. Es klappte sofort, wie schade! Gerne hätte ich den Wurf dreimal, fünfmal, ach: tausendmal wiederholt. Weich war sie. Und warm.
Inzwischen summten uns ein paar Mücken die Ohren voll. Und am Ufer gegenüber leuchtete eine Taschenlampe. Stimmt, noch bei Tageslicht hatte ich den Kollegen Dirk dort ansitzen sehen. Ganz allein. Ich dagegen durfte mich an köstlicher Gesellschaft erfreuen. Um mich trotz Dunkelheit ins rechte Licht zu rücken, erzählte ich Nadine Angelerlebnisse. Die Handlung war immer die gleiche: Ein großer

Fisch, scheinbar unbezwingbar, trifft nach langen Jahren auf jemanden, der noch klüger ist, noch stärker als er selbst. Und dieser Bezwinger, versteht sich, bin ich. Ein Drachentöter mit Angelrute, an dessen Seite ein Engel sicher durch das Dunkel der Nacht kommt.

Immer wieder tat sie mir den Gefallen, meine Erzählung mit Lauten wie »Wow!« oder »Oh!«, mit Wörtern wie »Wahnsinn« und »Spitze« zu untermalen. Während die Sterne am Himmel funkelten, spürte ich, dass mein Stern bei ihr stieg. Unauffällig rückte ich mit meinem Klappstuhl ein Stück näher. Mittlerweile plauderten wir über Musik und stellten fest, dass wir beide Bruce Springsteen liebten. Sie hatte noch nie ein Konzert gesehen, ich einige. Ausführlich erzählte ich vom »Boss« auf der Bühne (dass ich die Konzerte nur auf DVD gesehen hatte, musste ich ja nicht unbedingt erwähnen!).

Pulli ade!
Irgendwann flötete sie: »Mir wird langsam kalt.«
Meine Hand schwebte schon durchs Dunkel, um die ihre zu umfassen, da ergänzte sie: »Hast du vielleicht einen zweiten Pulli dabei?«
»Das nicht, aber ...«, sagte ich – und ließ das Satzende offen wie eine Tür, durch die sie zu mir schreiten konnte. Mein Klappstuhl war stabil genug für zwei.
»Du willst mir deinen einzigen Pulli abtreten? Das ist aber lieb von dir!«
Eigentlich war das nicht mein Plan, denn ich bin eine Frostbeule. Egal: Ich streifte meinen Pulli ab und reichte ihn ihr rüber. »Du bist ein Gentleman«, trällerte sie mit Nachtigall-Stimme. Und mir wurde heiß, während ich spürte, wie die Kälte durch mein T-Shirt kroch. Verdammt eisig, diese sternenklare Nacht! Aber meine Gänsehaut hatte andere Gründe.
»Biss!«, rief sie. Und tatsächlich zupfte es wieder an ihrer Schnur. Erneut wartete sie ein paar Minuten und setzte dann, auf mein Signal, den Anhieb. Und was hing am anderen Ende der Schnur? Wieder nichts! Dafür war der halbe Köderfisch erneut abgefressen, wie ich betrübt im Lichtkegel der Taschenlampe sah.
»Warum klappt das denn nie?«, fragte sie.
»Da musst du die Zander fragen.«
»Aber du bist doch der Experte! Schreibst du nicht sogar Angelbücher?«
Das klang nicht mehr huldvoll, sondern eher nach einem Vorwurf.

»Also gut«, sagte ich, »dann stellen wir deine Montage jetzt um: Wir spicken den Köderfisch mit drei Drillingen. Dann sitzt dein früher Anhieb garantiert.« Mit fliegenden Fingern montierte ich ihr Vorfach um, ritzte eine Laube und setzte die drei Drillinge locker in die Haut. Als ihr beim Wurf den Arm führen wollte, gab sie mir mit einem sanften Stoß zu verstehen, sie könne das jetzt allein.

Kratzen im Hals
Die Mondessichel war mittlerweile über die fernen Wipfel geklettert und half den Sternen beim Leuchten. In der Luft lag eine Feuchtigkeit, die meine Arme benetzte. Mir wurde im dünnen T-Shirt immer kälter. War da nicht schon ein Kratzen in meinem Hals? Ich versuchte, das Gespräch wieder auf Springsteen zu lenken, vorzugsweise auf den Song »Dancing in the Dark«. Aber sie sprach nur noch von den beiden Fehlbissen. »Das gibt's doch nicht, dass ein Zander an meinem Köder ist, aber er hängt nicht.«

»Vielleicht hast du nicht fest genug angeschlagen«, sagte ich.

»Habe ich wohl!«

»Sei doch nicht sauer, ich wollte nur ...«

»... nur sagen, dass ich nicht angeln kann. Und außerdem, wenn es nur daran liegt: Warum fängst du eigentlich nichts, du toller Angelautor?«

»Weil ich mich die ganze Zeit um deine Montage kümmere.«

»Darum habe ich dich nie gebeten!«

Die Stimmung zwischen uns war abgekühlt. Mittlerweile klangen wir wie ein keifendes Paar. Vielleicht sollte ich die Angelnacht einfach für beendet erklären, es war schon kurz vor 1 Uhr. Und meine Gänsehaut, die mittlerweile auch über den Rücken lief, hatte definitiv nichts mehr mit Nadine zu tun – und sehr viel mit der Außentemperatur.

Um kurz vor 1 Uhr sah ich aus dem Augenwinkel, wie sie nach vorne schnellte und ihre Rute durch die Luft pfeifen ließ. »Jetzt hängt er aber!«, jubilierte sie. Und während sie kurbelte, fügte sie hinzu: »Sorry, dass ich gerade so zickig war! Jetzt ist alles wieder gut.« Das klang, als könnte mir nach der Landung des Fisches doch noch eine Umarmung winken!

»Ist es ein großer Zander?«, wollte ich wissen.

»Ich weiß nicht«, sagte sie. »Aber es kann nicht nur das Grundblei sein, da ist was dran.«

Zur Vorsicht machte ich mich mit meinem Riesenkescher neben ihr breit, meine Stirnlampe beleuchtete die Landebahn. Sie kurbelte den Fisch heran, recht schnell, es konnte wirklich kein Riese sein.

Schrei in der Nacht

»Nimm den Kescher weg«, sagte sie, »ich kann ihn rausheben.« Enttäuscht trat ich einen Schritt zur Seite und sah, wie ihr Blei aus dem Wasser kam und die Montage ihr entgegen pendelte. Sie griff nach dem Fisch. Das Nächste, was ich hörte, war ein fürchterlicher Schrei – ein Schrei, wie ihn Frauen im Krimi ausstoßen, wenn ihnen in tiefster Nacht der Lustmörder auflauert. »Hilfe!«, kreischte sie, »ein Monster!« Die Rute knallte aufs Ufer, und sie sprang zwei Meter zurück.

Ein Monster? Das konnte doch lediglich ein kleiner Aal sein. Ich nahm die Rute und pendelte die Schnur ins Licht meiner Stirnlampe. Was am Drilling hing, versetzte auch mir einen Schrecken: Es war eine riesige Krabbe, groß wie zwei Handteller und zangenbewehrt. Verdammt, eine Wollhandkrabbe! Manchmal kamen sie durch den Bacheinlauf aus dem nahen Fluss in den See. Das erklärte auch die Fehlbisse! Die Krabben hatten sich an den Ködern zu schaffen gemacht. Erst durch die vielen Drillinge hatte sie eines dieser Viecher aufgespießt.

»Nadine, das ist doch nur eine Wollhandkrabbe. Eklig, aber harmlos«, wollte ich sie trösten. Doch Nadine hatte sich vom Acker gemacht, mitsamt meinem Pullover. Stattdessen näherte sich eine Taschenlampe, und eine wütende Männerstimme bellte: »Was hast du mit Nadine gemacht?!« Es war Dirk, der brummige Vereinskollege, der sie auch gerne ans Wasser ausgeführt hätte.

»Nichts habe ich gemacht!«

»Ich habe den Schrei doch gehört. Sie hat dich ein Monster genannt. Und wo ist sie eigentlich?«

»Sie ist weggelaufen.«

»Du hast sie angefasst, ohne dass sie es wollte!«

»Habe ich nicht. Aber eine Wollhandkrabbe hat!«

Dirk baute sich wie ein Preisboxer vor mir auf. Nur mit Engelszungen gelang es mir, ihn von einer Schlägerei abzuhalten. Ich fürchtete, dass mein guter Ruf im Verein für alle Zeit zerstört war. Zerknirscht räumte ich das Feld.

Böse Gerüchte
Am nächsten Morgen rief ich unseren Schriftführer an, hustete mehrfach ins Telefon, und ließ mir die Adresse von Nadine geben. »Ich habe schon gehört, dass da gestern Nacht etwas schiefgelaufen ist!«, meinte er vieldeutig.
»Kann man so sagen«, antwortete ich, um mir eine lange Erklärung zu ersparen.
Mit einem prächtigen Blumenstrauß in der Hand und eine Entschuldigung auf den Lippen klingelte ich an dem kleinen Häuschen am Stadtrand. Die Tür ging auf, und der Karpfenkörper, den ich noch von der Versammlung kannte, trat mir entgegen. In hautenger Kleidung. Leider war es der falsche: der Spiegelkarpfen, der Bodybuilder.
»Alexander!«, rief ich erstaunt. »Da habe ich offenbar nicht die richtige Adresse bekommen, ich wollte zu Nadine.« Er holte so tief Luft, dass sein Brustkorb um geschätzte 50 Zentimeter anschwoll: »Wenn du zu meiner Verlobten willst, bist du hier richtig.« Verflixt, er war der angelnde Verwandte! Und darum waren beide zur gleichen Zeit in den Verein eingetreten.
»Ich bin auf dem Weg zu meiner Freundin, der ich ein paar Blumen bringe«, log ich (denn ein blaues Auge hätte mir gerade noch gefehlt). »Und unterwegs wollte ich nur noch meinen Pulli bei Nadine abholen.« Er verschwand im Haus und streckte mir dann mit einem Arm wie einem Baumstamm meinen Pulli entgegen. Ich murmelte einen Abschiedsgruß und schlich hustend davon.
Eine gute Woche später, als ich meine Erkältung auskuriert hatte, wollte ich wieder auf Zander ansitzen. Doch als ich an meinem Geheimplatz ankam, traute ich meinen Augen kaum: Am Einlauf saßen Nadine und Alexander. Die Schnüre ihrer Grundruten liefen genau auf meine Fanglöcher zu. Hinter ihnen, auf einem hellen Stein, sah ich eine Reihe geritzter Lauben. Und neben Nadines Klappstuhl lag ein Zander von mindestens acht Pfund! Jetzt ging mir ein Licht auf: Alexander hatte seine Freundin als Spionin auf mich angesetzt. Und ich eitler Fatzke, ich Möchte-gern-Frauenheld, war arglos in die Falle getappt. Seither traue ich am Wasser niemandem mehr. Erst recht keinem Engel!

Wer fängt, hat Recht?

Mein Kollege Markus sagt: »Wer fängt, hat Recht.« Kein Beweis wiegt für ihn schwerer als ein großer Fisch. Wer einen Meterhecht fängt, einen Riesenkarpfen oder eine Bachforelle von einem halben Meter, ist für ihn ein angelnder Gott. Jede Diskussion, ob die Fänger ihr Handwerk wirklich beherrschen, käme für ihn einer Gotteslästerung gleich. Wer fängt, hat Recht. Und basta!

Im Grunde liegt Markus ja richtig. Schließlich laufen am Wasser ganze Horden von Besserwissern herum. Diese Meister der Angeltheorie können nur selten die Rute schwingen, umso besser aber große Reden, um den Praktiker zu belehren: Der Winkel seiner Rute im Drill sei nach den neuesten Erkenntnissen der Physik zu groß. Sein Haarvorfach zu kurz, seine Schwingspitze zu lang, und das spezifische Eigengewicht seines Futters reiche nicht für diese Strömungsstärke. Das mag alles wahr sein. Aber ist es auch glaubwürdig? Immerhin sprechen hier Wüstensöhne vom Regen: Angler also, die beim Fangen oft die Schlusslichter sind! In diesem Fall unterschreibe ich: Wer fängt, hat Recht!

Auf der anderen Seite: Gibt es nicht auch Zufall, nicht auch Glück? Hat der Matchangler, auf dessen Maden sich ein Zander stürzt, wirklich Recht? Ist der Hechtangler, an dessen Köderfisch sich ein kapitaler Aal verirrt, ein begnadeter Aaljäger? Und kommt es nicht täglich vor, dass blinde Hühner mit rostigen Haken, mit bojengroßen Posen und mit abschleppseildicken Schnüren die allerschönsten Fische fangen? Eben weil diese Fische offenbar in selbstmörderischer Laune sind, einer »oralen Phase«, in der sie jeden Köder, der ins Maul passt, auch ins Maul nehmen? Ist ein Angler, der dann fängt, wirklich im Recht? Oder ist er nur ein Hans im Glück?

Lieber Markus, glaub' es mir: Wer fängt, hat Recht. Verdammt oft sogar. Aber nicht immer! Auch Fische können sich irren ...

Warum Fische nicht stumm sind ...

Manchmal, wenn ich mir erlaube, zwischen dem Reden auch mal Luft zu holen, klagt meine Liebste: »Heute bist du wieder stumm wie ein Fisch.« Dieser Spruch! Man sollte ihn verbieten. Erstens, weil er sich gegen mich richtet, es sich also um Majestätsbeleidigung handelt. Und zweitens, weil er die Wahrheit um ein paar Meilen verfehlt.

Wie Elefanten nicht leicht sind, Delphine nicht wasserscheu und Zugvögel nicht erdverbunden, so sicher steht für mich fest: Fische sind nicht stumm! Manchmal tun sie so. Aber das ist etwas anderes. Wer die Ohren spitzt, kann allerlei vernehmen. So gab der letzte Knurrhahn, der an meinem Pilker hing, einen Laut von sich, der bestimmt nicht »Petri Heil!« heißen sollte. Als der letzte Karpfen schmatzend mein Schwimmbrot verschlang, hatte dieses Geräusch ohne jede Frage mit allerbestem Appetit zu tun. Und spricht die Forelle, wenn sie einen klatschenden Salto im Bach springt, nicht auch eine Sprache sprudelnder Lebensfreude?

Wären Fische stumm, wie könnten sie sich dann verabreden? Nehmen wir Barsche. Hunderte von ihnen rotten sich zusammen. Ganz bestimmter Ort, ganz bestimmte Zeit. Wie auf Kommando geht es los: Von allen Seiten rollen Bugwellen auf einen unsichtbaren Mittelpunkt zu. Das Wasser spuckt Lauben, es klatscht und spritzt. Die Beute – mit System eingekesselt! Wie geht das, wenn Fische stumm sind?

Oder: Man fängt Schleien. Eine nach der anderen wandert in den Karpfensack. Aber wehe, man setzt einen Fisch zurück. Schon hört das Beißen auf, von einer Sekunde zur anderen. Wie, wenn Fische stumm sind?

Oder: Man senkt Köderfische im flachen Wasser. Man sieht, wie der erste Fisch des Schwarms vor dem Netz hält. Gibt er Entwarnung, schwimmen alle drüber. Schlägt er Alarm, schießen alle vorbei. Wie, wenn Fische stumm sind?

All das könnte ich meiner besseren Hälfte auf ihren Vorwurf sagen. Mit vielen Worten. Doch dann antworte ich ganz kurz. In der Sprache des Knurrhahns.

Staffellauf zum Angelplatz

Haben Sie sich schon gefragt, wie man an einem fremden Gewässer den besten Angelplatz findet? Also, das geht so: Folgen Sie dem Trampelpfad vom Parkplatz ans Wasser. Schnell werden Sie auf eine Stelle stoßen, wo das Ufer so plattgetreten ist, als würde hier täglich eine Büffelherde im Kreis galoppieren. Astgabeln stecken in der Erde. Schnurreste kringeln sich. Und im Ufersand leuchten silberne Schuppen, als hätte es letzte Nacht Sternentaler geregnet.

Das ist er, der beliebteste Angelplatz des Gewässers! Meist sieht die Ufervegetation wie der tropische Regenwald aus, allerdings nachdem die Motorsägen mit ihm fertig sind: Die Vereinsmeier haben für Wurfschneisen gesorgt, die groß genug sind, dass Sie anstelle eines Karpfenzeltes auch ein Bierzelt aufstellen könnten. Natürlich wird dieser Platz, den zirka 200 Angler befischen, täglich mindestens dreimal angefüttert. Kein Karpfen hält Ihre Boilies für Murmeln. Kein

Brassen missbraucht Ihre Caster fürs Puppenspiel. Und die Raubfische kleben den Friedfischschwärmen an den Flossen.

Dieser Angelplatz ist exzellent, deshalb ist er auch rund um die Uhr besetzt. Kalkulieren Sie stets eine kleine Wartezeit ein, sagen wir: zwölf Stunden. Dann findet ein fliegender Wechsel statt, ähnlich wie beim Staffellauf. Nur dass der Stab, den man sich übergibt, Rutenringe hat.

Die Statistik belegt: An solchen »Top-Plätzen« werden mindestens 50 Prozent aller großen Fische erbeutet! Diese Zahl klingt beeindruckend, solange man nicht weiß, dass hier mindestens 90 Prozent der Angler ihr Glück versuchen. Außerdem haben gefangene Fische eine blöde Angewohnheit: meist lassen sie sich fressen, statt noch mal zu beißen.

Darum: Verlassen Sie den Trampelpfad, schlagen Sie sich in die Büsche, entdecken Sie eigene Stellen. Wenn Sie dann einen Kapitalen fangen: Behalten Sie den Platz bloß für sich! Sonst kommt die Büffelherde. Und trampelt alles nieder, was Flossen hat.

Das Geheimnis im Moor

Er will ihn ganz für sich allein, seinen Lieblingssee im Moor, voll mit dicken Aalen, Welsen und Zandern. Aber wie die Angelkollegen abschrecken? Mit einer faustdicken Lüge!

»Sag mal, was hältst du denn vom Moorsee?« Mein Kollege Frank, der am Vereinsteich auf Hecht ansitzt, durchbohrt mich mit Blicken. Verdammt! Seine Frage ist ein Treffer, ein Schuss ins Herz! Eigentlich müsste ich straucheln. Doch das Geheimnis gibt mir Kraft, und ich verziehe keine Miene. »Soll da gute Welse und Aale geben«, hakt Frank nach.

Um ehrlich zu sein: Der See ist eine Perle! Eine Aalnacht, und meine Räuchertonne ist so voll, dass ich damit ein ganzes Fußballteam bewirten kann. Der nächtliche Zanderansitz mit zwei Ruten ist zwecklos, weil man dann auch vier Arme zum Drillen bräuchte, so häufig kommt es zu Doppelbissen. Und wenn ich mit dem Wallerholz klopfe, halte ich mich dabei immer am Bootsrand fest; denn es ist schon vorgekommen, dass einer der aufsteigenden Riesen mein Boot gerammt hat.

Doch all das will ich Frank, dem größten Plappermaul des Vereins, nicht auf die Lippen binden. Aber sein Blick hält mich fest. Ich wünsche mir, dass seine Hechtpose, die vor ihm dümpelt, jetzt mit einem lauten »Plopp« verschwindet. Sein Blick würde aufs Wasser gerissen, seine Frage wäre vergessen.

Die Witterung des Schweigens
Doch die Pose ploppt nicht. Und mein Schweigen versprüht eine Witterung, die in Franks feine Nase steigt. Er wägt sich auf der richtigen Spur, das lese ich aus seinem Gesicht.

»Ja nun, der Moorsee«, hole ich weit aus, um Zeit für die zweite Satzhälfte zu schinden, »Ja, mit dem Moorsee ist, um es kurz zu sagen, nicht mehr viel los. Seit der Fischseuche dort.«

Die Seuche ist frei erfunden. Doch schon das Wort genügt, um die Seifenblase eines Anglertraums zu zerstechen. »Außerdem stinkt das Wasser wie ein Öltank«, lüge ich weiter. »Du hast bestimmt von der Ölkatastrophe im ‚Lokal-Anzeiger' gelesen?«

Frank starrt mich mit großen Augen an. So schauen Moorsee-Zander in die Taschenlampe. Kein Wort hat er von diesen »Katastrophen«

gewusst. Aber wer gibt schon zu, dass er keine Zeitung liest? Also murmelt er: »Ja, ja, das Fischsterben, das war schon schlimm. Und erst die Ölkatastrophe. Ja, ja, ein Jammer. Den See kann man tatsächlich vergessen.«

Er hat den Köder geschluckt. Und ein Plappermaul wie er wird ihn ausspucken und weiterreichen an alle möglichen Kollegen. Solange, bis keiner mehr am Moorsee angelt. Außer mir. Aber bei Nacht, damit mich keiner sieht, bei Nacht, wenn die Aale, Welse und Zander um die Wette fressen.

Schwarz vor Augen
Nach drei Wochen Urlaub im Ausland – mit Frau, ohne Angelrute – komme ich ausgehungert nach Hause. Heute Abend, ihr Moorsee-Aale, heben die Glöckchen meiner Aalruten an zum Klinge-linge-ling! Heute Abend, ihr Welse und Zander, habt ihr Landgang!

Mit quietschenden Reifen starte ich zum Kiosk, wo ich schon nachmittags die Tageskarte kaufen muss (leider gibt es keine Monats- und Jahreskarten). Doch da! Im Fenster des Kiosks steht eine Schiefertafel, mit dicker weißer Kreide steht dort: »Angeln im Moorsee ab sofort verboten. Keine Karten mehr.«

Mir wird schwarz vor Augen, ich schnappe nach Luft wie ein Karpfen an Land. »Was hat denn das zu bedeuten«, stammle ich in die Ohren des Kiosk-Besitzers. Alarmiert durch mein schneeweißes Gesicht ist er hinzugesprungen, um mich vor dem Sturz in eine Ohnmacht zu bewahren. »Das heißt, was es heißt«, antwortet er. »Hier darf nicht mehr geangelt werden.«

»Aber warum denn auf einmal?«

»Na wegen der Fischseuche. Und der Ölkatastrophe. Da reden jetzt alle davon. Sie lesen wohl keine Zeitung?«

Das Blech der Weisen

Der Angeltag liegt hinter mir wie eine verlorene Schlacht; nicht einen Hecht habe ich erobert. Vorsichtshalber tausche ich meinen neongelben Lieblingswobbler für die letzten Würfe gegen einen halb verrosteten Heintz-Blinker aus, ganz wie ein Trainer, der seinen Star zur Schonung vom Platz holt, wenn das Spiel ohnehin verloren ist.

Aber mein Reserveköder schlägt ein, dass mir Kurbeln und Drehen vergeht; schon der erste Wurf trifft ins Hechtmaul. Sechs Pfund! Tausend Würfe davor: erfolglos. Ein Wurf mit dem Heintz: bingo! Was hat das zu bedeuten? Ahnungsvoll werfe ich erneut aus. Drehe die Kurbel einmal, zweimal, dreimal – Biss! Acht Pfund!

Endlich ein Köder, mit dem ich heute jeden einzelnen Hecht aus diesem See kitzeln werde! Die Frage beim nächsten Wurf ist nur noch: wie schwer? Ich kurbele den Heintz an, hebe die Rute, senke sie – Widerstand! Ich stemme mich gegen 40, 50, ja 60 Pfund – und merke: Hänger am Baumstamm! Ich klopfe auf die Rute, lasse schießen, ziehe seitlich. Alles vergebens: Der Heintz reißt ab.

Verzweifelt durchwühle ich meine Kiste, werfe meinen gelben Lieblingswobbler achtlos ins Ufergras und stoße einen Fluch zum Himmel. Kein Heintz mehr da!

Während ich mit einem modernen Blinker weiterangele, natürlich erfolglos, mache ich eine quälende Hochrechnung auf. In zwei Würfen hat der Heintz zwei Hechte von sechs und acht Pfund gebracht. Das hätte bedeutet: vier Hechte in vier Würfen, zehn und zwölf Pfund. Zehn Hechte in zehn Würfen, 22 und 24 Pfund. Beim 24. Wurf, rechne ich aus, hätte ich den Rekordhecht mit 52 Pfund gefangen!

Ich schwöre mir, meinen ersten Sohn »Heintz« zu taufen, auch wenn es ein bisschen altmodisch klingt. Da klopft mir Jürgen auf die Schulter, ein Kollege, strahlt wie die Morgensonne und hält mir ein gelbsüchtiges Stück Holz hin: »Ist doch dein Lieblingswobbler. Hab ihn am Ufer gefunden!« – »Steck' ihn in den Ofen!« knurre ich. »Warum sollte ich? Bin bester Laune. Habe einen Großhecht gefangen!« – »Wie groß?« – »52 Pfund?« – »Köder?« – »Heintz-Blinker.« Das Blech der Weisen.

Alpen-Forelle oder Ostsee-Dorsch?

Wie beneidet mich mein Kollege Gustl aus Bayern, weil ich in Norddeutschland wohne! Die Meerforellen steigen in Sichtweite meines Wohnzimmers auf. Gleich hinterm Deich liegt ein Graben mit Karpfen und Hechten.

Wenn es mich um 17 Uhr überkommt, dass ich noch an die Ostsee möchte, klatscht der Hansen Flash kurz nach 19 Uhr ins Wasser. Genauso schnell habe ich einen Dorschkutter, einen Platz zum Brandungsangeln oder die Fähre ins Hecht- und Lachsland Schweden erreicht.

Wie beneide ich meinen Kollegen Gustl, weil er im schönen Süden wohnt! Meine verstaubten Trockenfliegen rufen nach der Traun. Meine Hegene möchte für die Saiblinge des Walchensees tanzen. Meine Karpfenbleie sehnen sich nach einem Flug über die Weiten eines französischen Stausees. Und meine Dorschrute lechzt nach dem Drill eines Wallers in Italien. Für mich: eine Weltreise. Für Gustl: ein Katzensprung.

Manches Mal hatte ich meine Koffer schon für einen Umzug in den Süden gepackt. Aber was, wenn mich kurz darauf wieder die Sehnsucht nach Meerforellen und Ostseewellen, Dänemark und Schweden überkäme? Der ideale Wohnort für Angler? Hinten die Alpen, ein Bergsee voller Renken und Saiblinge, ein Wildbach mit steigenden Forellen – vorne die Ostsee, wo Meerforellen rauben und der Dorschkutter tutet. Ein Schritt mit der Sieben-Meilen-Wathose, schon wären Sie an der Mörrum in Schweden, am Lac Cassien in Frankreich oder am Po in Italien – je nach Lust und Laune.

Was halten Sie davon? Traumhaft, nicht wahr? Aber worauf würden Sie dann angeln: Hecht oder Huchen? Waller oder Meerforelle? Lachs in Schweden oder Karpfen in Frankreich?

Vor lauter Auswahl würden Sie wie ein Kreisel rotieren. Eine Rute nach der anderen montieren. Zur Seite legen. Neu montieren. Weil Sie alles wollten, und zwar gleichzeitig, könnten Sie sich für nichts entscheiden. Und müssten den Angeltag abblasen!

Lassen wir also ein wenig Luft zwischen Ostsee und Alpen – und gehen die Sache gelassen an: im Urlaub!

Das Guiding des Grauens

Endlich hatte er seinen Traumberuf entdeckt: Angel-Guide. Aber eine Naturkatastrophe machte sein erstes Guiding zum Härtefall. Und diese Katastrophe war der Gast selbst.

Der Tag, an dem ich beschloss, Angel-Guide zu werden, war ein schrecklicher Tag. Morgens um 8.30 Uhr hatte mich mein Chef, der fette Gleim, mit den Worten begrüßt: »Wenn alle so lange wie Sie schlafen würden, wäre die Firma schon pleite.« Dass ich jeden Abend bis 18.00 Uhr in der Firma blieb, während die Frühaufsteher um 16.30 Uhr gingen, bekam er natürlich nicht mehr mit – er trieb sich um diese Zeit längst auf dem Golfplatz herum.

Dann hatte ich einen Kunden am Telefon, der mich zu Unrecht anmotzte und beim fetten Gleim anschwärzte: zweiter Arschtritt des Tages. Das Mittagessen musste ich sausen lassen, da ich bis 16 Uhr ein wichtiges Strategiepapier zu liefern hatte. Aber um 15.45 Uhr, als ich meinen Druckbefehl gab, stürzte der Computer ab. Unser Informatiker hatte keine Zeit, und der fette Gleim holte zum dritten Tritt des Tages aus: »Erst kommen Sie zu spät zur Arbeit – und dann schieben Sie Ihre Lahmarschigkeit auch noch auf den Computer!«

Einen Moment überlegte ich, ob ich meinen Chef mit einem Computerkabel erdrosseln oder doch besser mit einem Aktenordner erschlagen sollte. Aber da weder Kabel noch Ordner zur Hand waren, entschied ich mich für einen dritten Weg: Ich brüllte ihm die Kündigung ins Gesicht. An der Reparatur der Tür, die ich hinter mir ins Schloss schmetterte, hat der Schreiner sicher gut verdient.

Hallo Traumjob!

Aber wovon sollte ich jetzt leben? Ich kaufte mir den Ratgeber »Wege zum Traumjob«. Dort lautete die erste Frage: »Wenn Sie finanziell ausgesorgt hätten: Welcher Beschäftigung würden Sie dann den ganzen Tag nachgehen?« Völlig klar: angeln! Der Job-Ratgeber fuhr fort: »Und nun suchen Sie bitte nach Möglichkeiten, diese Tätigkeit mit einem Beruf zu verbinden!«

Tja, welchen Beruf konnte man beim Angeln ausüben? Vielleicht sollte ich als Profi-Angler in die USA auswandern, um mich dort von den sechsstelligen Prämien der Schwarzbarsch-Wettbewerbe zu ernähren. Das Problem war nur, dass ich in meinem Leben noch keinen Schwarzbarsch gefangen hatte. Wahrscheinlich hätte ich mich schon über einen vorletzten Platz von Herzen freuen müssen. Aber ich war ein erfahrener Hecht- und Zanderangler. Vielleicht konnte ich mich der Angelindustrie als Ködertester andienen. Doch von einem Kollegen wusste ich, dass dieser Job nur in Naturalien bezahlt wurde, eben mit Ködern. Und die konnte man, sofern man kein Fisch war, kaum essen.

Beim Blättern in einer Angelzeitschrift überkam es mich: Ein Fachautor wies darauf hin, er sei auch als Guide aktiv, würde andere Angler zum Fisch führen. Bingo! Genau das war mein Ding! Ich würde einen Tagessatz von 300 Euro kassieren und im Gegenzug einen Angel-Amateur mit ans Wasser nehmen. Damit sicher war, dass er seine Lektion verstand, würde ich natürlich vorangeln und vorfangen müssen. Kurz: Ich konnte angeln wie immer, nur mit einer saftigen Bezahlung. Und nebenbei würde ich dafür sorgen, dass auch der Amateur ein paar Fische abbekam. Schließlich sollte er meine Dienste erneut buchen.

Fang mit Garantie
Zwei Monate später erschien mein fettes Inserat. Der besondere Dreh war eine Fanggarantie: »Wenn Sie keinen Hecht oder Zander fangen, war« das Guiding umsonst!« Ein solches Angebot hatte noch keiner vor mir gewagt. Mein Risiko war äußerst gering: Der Stausee, auf dem mein Boot lag, war voll mit Hechten. Und wenn die großen streikten, stürzten sich im flachen Uferwasser die Grashechte auf den Köder.

Mein Telefon stand nicht mehr still! Angler aus dem ganzen deutschsprachigen Raum wollten mit mir auf den Stausee fahren. Die meisten waren bislang nicht vom Fangglück verwöhnt: Ein Einsteiger berichtete mir, dass er schon zwei Dutzend Wobbler abgerissen, aber noch keinen ordentlichen Hecht gefangen hatte. Eine Ehefrau, deren Mann immer ohne Fisch nach Hause kam, schenkte ihm einen Guiding-Gutschein. Und ein Sportfischerprüfungs-Ausbilder fragte an, ob er mit seiner Gruppe kommen dürfe.

Eine kleine Überschlags-Rechnung ergab, dass ich als Guide im Monat etwa doppelt so viel wie in meinem alten Job verdienen würde. Warum war mir diese Idee nicht zehn Jahre früher gekommen?

Voller Vorfreude erwartete ich an einem Juli-Morgen meinen ersten Angelgast. Es war der Mann, der den Gutschein von seiner Gattin bekommen hatte: Bernhard. Frederike, seine Frau, eine dick geschminkte Rothaarige, lieferte ihn wie einen Schuljungen am Steg ab. Er war 45 Jahre alt, mindestens zwei Meter groß und ging am Stock. Nein, das war gar kein Stock, sondern ein ausgezogenes Teleskop-Gaff. Obwohl der Himmel strahlend blau war, hatte er sich in eine dicke Regenjacke verkrochen.

Kratzer im Gesicht
Seine Angelausrüstung stammte offenbar aus einem Supermarkt. Die Rolle glich einer alten Pfeffermühle, nur dass sie aus reinem Plastik bestand. Die Schnur war so steif, dass sie sich auf der Rolle kringelte. Und die Teleskoprute war so klapprig, dass er beim Ausziehen vorsichtig sein musste, um nicht gleich einen Ring abzureißen.

Aber wie heißt es so schön: Der Kunde ist König! Also lobte ich Bernhard dafür, dass er sich für alle Eventualitäten gerüstet hätte – nicht ohne Hinweis darauf, dass ich für Fische unter 200 Pfund meinen Großfisch-Kescher dem Gaff vorzöge, zumal das Gaff hier verboten sei. Er winkte seiner Frau zu, die zu einem Spaziergang aufbrach.

»Komm ins Boot«, sagte ich zu Bernhard. Mit einer ungelenken Bewegung kletterte er vom Steg und stützte sich auf sein Gaff. Es gab nach. Klappernd fuhren die Teleskopteile ineinander. Bernhard stürzte mit einem Knall ins Boot. Seine Wange schrammte am Gaffhaken entlang. Fast wäre die Sache ins Auge gegangen. Aus einem langen Kratzer quoll Blut und breitete sich am Bootsboden aus.

»Das ist ja lebensgefährlich bei dir!«, murmelte er, während ich ihm die Hand reichte und ihn wieder auf die Beine zog.

»Das Gaff hast du mitgebracht«, erinnerte ich ihn.

»Ich wusste ja nicht, dass dein Boot zwei Stockwerke tiefer als der Steg liegt.«

»Das Wasser liegt selten höher als der Steg«, sagte ich und fügte beschwichtigend hinzu: »Aber jetzt bekommst du erst mal ein Pflaster. Und dein Pech für diesen Tag ist definitiv verbraucht.«

Als Bernhard verarztet war, sah er aus wie ein Streifen-Barsch: Das Riesenpflaster zog sich von Augenhöhe bis zum Mundwinkel. Zum

Glück war der Kratzer nur oberflächlich. Doch alle fünf Sekunden fasste er sich wehleidig ins Gesicht.

Verrostete Köder
Ich musste ihn wieder motivieren! »Siehst du diese Boje dort drüben?«, fragte ich ihn. »Das ist ein Barschberg. Dort haben wir gute Aussichten auf einen Hecht. Wir werden jetzt den Anker setzen und die Kante abklopfen. Zeig mal, was du an Ködern dabei hast.« Bernhard kramte eine kleine Kiste hervor, in der sich lauter hellbraune Köder befanden. Nein, die Köder waren nicht hellbraun, der Rost der Haken hatte sie so gefärbt. »Vielleicht nimmst du lieber einen Köder von mir«, bot ich ihm an.

»Nein, ich will mit meinen Ködern fangen«, sagte er wie ein bockiges Kind.

Kein Wunder, dass er über Jahre nichts Anständiges gefangen und seine Frau damit zur barmherzigen Spende eines Guiding veranlasst hatte!

»Aber die Haken sind nicht mehr ganz scharf«, sagte ich und machte meine bewährte Nagelprobe: Ich drückte die Spitze eines Jig-Hakens gegen meinen Daumennagel. Aber der Haken drang nicht ein, wie es bei einer scharfen Spitze der Fall gewesen wäre. »Siehst du, diese Haken taugen nichts mehr.«

»Lass mich mal«, sagte er, nahm den Jig-Haken und presste die Spitze gegen seinen Daumennagel. Ich sah, wie sich sein Gesicht verkrampfte, offenbar setzte er viel Kraft ein. Da rutschte der Haken seitlich ab und bohrte sich in seinen Daumen. Bernhard schrie so laut, als hätte er gerade einen Dolch ins Herz bekommen. Zwei Haubentaucher flatterten voller Panik in die Höhe.

»Mein Daumen, mein Daumen!«, jammerte er. »Wie konntest du nur behaupten, der Haken sei nicht scharf!« Ich hätte ihn belehren können, dass man die Schärfe eines Hakens nicht im Fleisch, sondern nur am Daumennagel testet. Aber als ich dieses zwei Meter große Häuflein Elend vor mir im Boot sah, mit dem breiten Pflaster im Gesicht und dem blutenden Daumen, verzichtete ich auf Rechthaberei. Er winselte: »Jetzt muss ich ins Krankenhaus! Ich brauche einen Chirurgen. Frederike, Frederike!«

Operation im Boot
»Ich habe schon ein halbes Dutzend Haken aus Fingern geholt«, beruhigte ich ihn. »Und wir haben Desinfektionsmittel an Bord.« Ich tat, was getan werden musste: Schnappte den Haken mit meiner Arterienklemme am Schenkel und schob ihn durch das Fleisch des Daumens, bis der Widerhaken auf der anderen Seite wieder sichtbar wurde. Bernhard schrie so laut, dass ich gemäß der Lärmschutzverordnung einen Anspruch auf einen Gehörschutz gehabt hätte. Den Widerhaken trennte ich mit dem Saitenschneider ab, zog den Haken zum Daumen hinaus und desinfizierte die Wunde. Dann wickelte ich einen dicken Mullverband um den Daumen. Der Verband nahm rasch eine rötliche Farbe an. Bernhard sah mittlerweile aus wie das Opfer eines schweren Verkehrsunfalls.
  Nur mit Mühe gelang es mir, ihn zum Weiterangeln zu überreden. Ich wollte unbedingt, dass er noch seinen Hecht fing – nicht zuletzt, weil ich mein Tageshonorar von 300 Euro schon fest verplant hatte. Ich montierte einen seiner Jigs und reichte ihm seine Rute: »Los geht's!« Tapsig wie ein Bär, auch weil sein Daumen eingewickelt war, holte er zum ersten Wurf aus. Mit einer stürmischen Vorwärtsbewegung, als wollte er einen Kopfsprung machen, peitschte er die Rute durch die Luft. Vorsichtshalber zog ich den Kopf ein, was sich als eine gute Entscheidung erwies: Der Köder sauste auf Ohrenhöhe zwischen mir und Bernhard hindurch. Aber er schlug nicht im Wasser ein. Warum bloß?

Jetzt weint er auch noch!
Ich schaute zu Bernhard, der sich schmerzverzerrt auf die Zähne biss. An seinem Ohr baumelte ein rostbraunes Schmuckstück, das vor Jahren mal ein weißer Jig gewesen sein musste. Konnte ein einzelner Mensch so viel Pech haben? Seine Hand mit dem blutroten Verband griff hilflos nach dem Ohr. Direkt daneben verlief das Streifenbarsch-Pflaster durch sein Gesicht. Er wimmerte still vor sich hin: »Frederike!« Aus seinen Augenwinkeln krochen Tränen. Ein zwei Meter großes Kleinkind, das vorwurfsvoll seinen Erziehungsberechtigten ansah. Also mich. »Was hast du nur mit mir gemacht?«
  »Ich mit dir? Du hast dich selbst gehakt, Bernhard! Und wenn ich mich nicht geduckt hätte, hätte ich jetzt den Jig im Ohr.«

»Du freust dich, dass es mich getroffen hat!«
»Quatsch. Es tut mir leid.«
»Aber du hast doch den Jig montiert!«
»Die Montage war in Ordnung. Aber dein Wurf ...«
Alles Reden half nichts: Ich musste wieder zu meiner Arterienklemme greifen, zum Saitenschneider und zum Desinfektionsmittel. Bernhard stöhnte bei meiner Operation so laut auf, als wollte er Synchronsprecher für nicht jugendfreie Filme werden. Sein Ohrläppchen verschwand hinter einem dicken Klumpen aus Mull und Pflaster. Über die Schulter seiner Regenjacke zog sich ein kleines Rinnsal aus Blut, das vom Ohr hinabgetropft war.

Mein erster Arbeitstag als Guide bestand offenbar nur aus medizinischen Dienstleistungen. Und anstelle eines glücklichen Anglers, der mich als Guide weitempfehlen würde, fuhr ich ein verpflastertes Wrack über den See, das mich für seinen Zustand verantwortlich machte.

Aber jetzt war der erste Hecht fällig! Bernhards Rute, sein Gaff und seine Rostkiste hatte ich unauffällig ganz nach hinten ins Boot geschoben. Stattdessen warf ich meine eigene Lieblingsrute aus, eine kostbare Sportex. Die Montage war perfekt, der Haken des Jigs messerscharf. Ich drückte Bernhard die Rute in die Hand und sagte: »Langsam einkurbeln, immer wieder Pausen machen.«

Ein Spitzen-Knall
Bernhard, wie in Trance, ließ die Rollenkurbel rotieren. Viel zu schnell. Aber ich wollte ihn den ersten Wurf ausfischen lassen, ehe ich dazwischenredete. Bernhard hielt die Rute knapp über Wasser. Der Köder musste schon fast wieder am Boot sein. Da krachte es, als hätte jemand gegen die Bootskante geschlagen. Die Spitze meiner Rute sank herab wie eine Schwingspitze. Bernhard hatte den Jig mit einer solchen Wucht gegen den Spitzenring gedreht, dass die Rute gebrochen war.

»Mit deiner Rute stimmt was nicht!«, sagte er.

»Mit dir stimmt was nicht!«, hätte ich am liebsten gebrüllt und ihn an seinem verletzten Ohr durchs Boot geschleift. Er hatte meine Lieblingsrute demoliert! Zähneknirschend erklärte ich ihm, dass man Köder nur bis 50 Zentimeter unter die Rute kurbelt – und nicht bis 50 Zentimeter in die Ringe.

Seufzend machte ich meine Zweitrute fertig, warf erneut aus und reichte sie ihm. Und jedes Mal, wenn der Köder sich dem Boot näherte, rief ich: »Achtung! Jetzt mit dem Kurbeln aufhören!« Und während er warf und wieder einkurbelte, flehte ich heimlich zu Petrus: »Bitte lass ihn einen Hecht fangen, damit ich mein Honorar bekomme.«

Zweimal sah ich, dass die Rutenspitze nach vorne schnellte, jedes Mal brüllte ich: »Biss!« Und Bernhard? Zuckte zusammen und hörte auf zu kurbeln. Zwischen meinem Kommando »Anhieb!« und Bernhards Reaktion verging so viel Zeit, dass sogar der lahmste Hecht den Köder hätte fallenlassen und noch zwei Runden um den Barschberg schwimmen können. Wie sollte dieser Mann jemals etwas fangen, ohne dass ich den Hecht persönlich an den Haken hing?

»Autsch!«, rief Bernhard, während er weiterangelte. Und dann noch einmal: »Autsch!« Seine Hand mit dem Verband wedelte vor seinem Gesicht auf und ab, während er die Rute nur noch mit einer Hand hielt. »Was ist denn los?«, fragte ich.

»Stechmücken!«, stöhnte er. »Ich bin dagegen allergisch.«

»Kein Problem«, sagte ich, zauberte ein Fläschchen Autan aus meiner Kiste und streckte es ihm rüber: »Damit kannst du dich einsprühen.«

Der blinde Riese

Ich drehte mich zur Wasserflasche, um einen Schluck zu trinken. Das Nächste, was ich hörte, ein grellender Schrei. »Meine Augen«, kreischte Bernhard, »meine Augen – ich bin blind!« Offenbar hatte der Riese sich das chemische Mittel direkt in die Augen gesprüht, und jetzt waren seine beiden Hände damit beschäftigt, das Gift rauszureiben.

Beide Hände? Ein Schrecken fuhr in meine Glieder. »Bernhard, wo ist meine Rute?«

»Keine Ahnung«, winselte er, »ich sehe ja nichts.«

Aber ich sah, dass die Rute nicht mehr an Bord war. Offenbar hatte er sie ins Wasser fallen lassen, nachdem das Gift in seine Augen geraten war. Einen Moment überlegte ich, ob ich dem blinden Riesen meinen Anker ans Bein binden und ihn an der tiefsten Stelle des Sees versenken sollte.

Aber leider hatte ich ja kein Geschäft als Auftragskiller, sondern nur als Guide eröffnet. Ich half ihm dabei, seine Augen auszuspülen. Nach einer Viertelstunde blinzelte mich ein rotäugiges, halbblindes Kaninchen an. »Bring mich zurück ans Ufer zu Frederike«, flehte er.

»Nichts lieber als das«, sagte ich und schlug den kürzesten Weg zum Hafen ein.

Seine Frau, ein rothaariger, zu breit geratener Leuchtturm, winkte freudig vom Steg, als sie das Boot sah. Doch als sie ihren Mann aus der Nähe erblickte, schlug sie die Hände vors Gesicht: »Was haben Sie ihm angetan? Es sollte ein Geschenk sein, eine Freude!«

»Nichts habe ich ihm angetan«, brummte ich. »Er ist in sein eigenes Gaff gefallen, hat sich zweimal selbst gehakt, meine beste Rute abgebrochen, Gift in die Augen gesprüht, alle Bisse versiebt und meine zweitbeste Rute über Bord geworfen.«

»Unverschämtheit!«, zischte sie, und ich hatte das dumpfe Gefühl, dass sie damit nicht ihren Mann meinte, sondern mich. Wie einem uralten Blinden half sie ihm, aus dem Boot zu klettern, und führte den Riesen am Arm in Richtung Auto.

Ich rief: »Das Honorar kann ich Ihnen erlassen, da wir keinen Hecht gefangen haben. Aber die 450 Euro für meine versenkte Rute und 150 für die abgebrochene müssen Sie mir ersetzen.«

»Das war Körperverletzung!«

Die beiden stiegen ins Auto. Sie fummelte an seinen Verbänden herum und beugte sich über die Wunden. Dann fuhr die Scheibe runter und sie kreischte: »Das war Körperverletzung! Die Wunden sind voller Rost und entzünden sich schon – Sie werden von unserem Anwalt hören.« Und er stöhnte mit der schwachen Stimme eines Halbtoten: »Behalt meine Rute als Ersatz, ich gebe das Angeln auf!« Der Motor heulte auf, und der Wagen jagte davon.

Ich saß fassungslos im Boot, schloss die Augen und atmete ein paar Minuten durch. Da hörte ich Schritte auf dem Steg, und ein tiefer Bass dröhnte: »Fischereikontrolle!« Ein Hilfssheriff übelster Sorge, mit Dolch am Halfter, fixierte mich. Auch das noch! Ich klatschte ihm meine Papiere auf den Steg. Er blätterte darin, gab sie mir zurück und sagte: »Das kostet 150 Euro!«

»Aber die Papiere sind doch in Ordnung!«

»Die Papiere schon. Aber das nicht!« Mit einem Zeigefinger, der durch die Luft stach, deutete er in mein Boot. Ganz hinten, neben der billigen Teleskoprute, lag Bernhards Teleskop-Gaff. »Gaff ist hier verboten, das müssten Sie eigentlich wissen!«

Kurz vorm Kescher

»Er war schon kurz vorm Kescher, aber dann ...« Kommen Ihnen diese Worte bekannt vor? Immer war irgendwer kurz davor, den Fisch seines Lebens zu landen. In Gedanken hatte er ihn schon gewogen und vermessen, für die BLINKER-Hitparade gemeldet und als Präparat an der Wand überm Fernseher verplant. Aber dann, stets »in letzter Sekunde«, hat der mächtige Gegner »die Schnur gesprengt«. Hören Sie den Knall? Ein Donnerschlag ist nichts dagegen. Höhere Gewalt!

Was als Drill beginnt, endet als Drama. Es scheint so, als wären die meisten Kapitalen auf der Flucht; als wäre es die Ausnahme, dass ein großer Fisch, der schon gehakt ist, auch im Kescher landet. Kann nicht sein, sagen Sie? Stimmt! Reiten wir Angler also auf der Kanonenkugel, machen wir uns nur wichtig mit Fischen, die wir nicht gefangen haben, aber gern gefangen hätten? Mein Eindruck: Nicht wir lügen andere an – unser Gehirn belügt uns! Verlorene Fische gehen nur am Wasser verloren. Aber niemals in Gedanken!

Bislang habe ich mich bei dieser These auf meinen Bauch gestützt. Doch nun ist mir eine Psychologin zur Hilfe geeilt. Bluma Zeigarnik heißt die Frau, nach der man den »Zeigarnik-Effekt« benannt hat. Der besagt: Schließen wir einen Vorgang ab, schließt sich auch die entsprechende Schublade im Gehirn. Wir verwenden keine Energie mehr darauf. Doch haben wir einen Vorgang nur angefangen, aber nicht abgeschlossen (zum Beispiel einen gewaltsam beendeten Drill) – dann bleibt diese Schublade im Kopf offen. Und zieht magisch unsere Gedanken an.

Neulich habe ich wieder mal von einem kapitalen Hecht erzählt, den ich »in letzter Sekunde ...« – Sie wissen schon ... Da sagte Kollege Kurt: »Wieder nur Hechte im Kopf?!« »Nein«, habe ich geantwortet, »offene Schubladen«. Wenn er das hier gelesen hat, wird er mich besser verstehen.

Welsangler mit Barteln

Neulich traf ich einen Karpfenangler, der aussah, als würde er mit dem Fisch seiner Träume schwanger gehen: Sein Bauch unterm Overall hätte locker als 50pfünder durchgehen können. Als ich beobachtete, wie er sich drei Frühstückseier in den erstaunlich großen Mund schob, musste ich sofort an das Staubsaugermaul eines boilieschlürfenden Großkarpfens denken. Keine Frage: Dieses Exemplar von einem Angler würde ein Rekordgewicht auf die Waage bringen, würde den Zeiger der Waymaster wie ein Jahrmarktskarussell kreisen lassen.

Da fiel mir ein Spruch meines verstorbenen Großvaters ein: »Mit Anglern und ihren Lieblingsfischen ist das so wie mit alten Eheleuten: Jedes Jahr werden sie einander ähnlicher!«
  Stimmt das tatsächlich? In Gedanken ging ich meine Angelkollegen durch. Grinst Heiner, der Welsangler mit der großen Klappe, nicht tatsächlich unter einem Schnurrbart hervor, der jeden Dackel bei Nacht erschrecken muss? Auch wenn er am Stammtisch den Mund aufreißt, steht er einem großen Waller in nichts nach! Und ist Dieter, der Aalprofi, nicht gertenschlank, bei Nacht aktiv und kann sich fabelhaft winden, falls er mal eine Runde schmeißen soll? Muss ich noch sagen, dass Hubert, unser Döbelprofi, einen ausgeprägten Dickkopf hat, den er in jeder Versammlung durchzusetzen pflegt? Und eine Vorliebe für Kirschen hat, allerdings vorwiegend in Form des Kirschwassers?
  Mein Opa hatte also Recht. Und nun bedenken Sie, wie diese Erkenntnis der Volksgesundheit dienen könnte! Kein Übergewicht mehr – alle Bierbäuche schmelzen ohne Diät dahin, sobald ihre Träger zu Aalanglern werden. Keine Zahnprobleme mehr – in allen Lücken sprießen neue Beißer, sobald die Patienten zum Hechtsee laufen, statt zum Zahnarzt. Keine Magengeschwüre mehr – wer auf Weißfische angelt, braucht lediglich noch den Darm. Nur bei Kindern am Forellenbach ist Vorsicht geboten – es sei denn, sie haben ihre Masern schon gehabt!
  Stolz blickte ich auf das Bild meines Großvaters an der Wand. Schelmisch grinste er mich an, der alte Hechtprofi. Aus zahnlosem Mund!

Die Großforelle und die »Terror-Enten«

Die Großforelle ist schon zum Greifen nah – doch im letzten Moment kommt ein Hindernis in die Quere: zwei »Terror-Enten«. Und so beginnt ein dramatischer Wettlauf am Ufer.

Nichts ist spannender, als einen vertrauten Forellenfluss zu befischen. Als Angler kennt man jede Gumpe, jede Wurzel, jeden Standplatz. Man weiß genau, unter welchem Ufer einst die 50-Zentimeter-Forelle hervorschoss und vor welchem Busch der Großdöbel nach der Trockenfliege stieg. Wo andere Menschen ein beliebiges Ufer sehen, sieht der Angler eine Kino-Leinwand: All seine Erlebnisse der Vergangenheit laufen in bester Farbqualität ab. Flussangeln ist großes Kino.

Vielleicht war das der Grund, warum ich nicht am Ufer meines kleinen Flüsschens entlanglief, sondern wie auf Sieben-Meilen-Stiefeln schwebte. Nichts konnte mich heute bremsen, nicht das hohe Gras, nicht die dichten Brennnesseln, nicht die gemeinen Brombeerstacheln. Denn ich wusste genau, wohin ich wollte: in die legendäre »S-Kurve« mit ihrem herrlichen Kehrwasser.

Der Grund, warum es mich an diesen Platz zog, lief auf der Leinwand meines Kopfkinos pausenlos ab: Ich sah mich, wie ich am Vortag mit meinem kleinen Wobbler den Eingang der S-Kurve befischte. Als ich den Wobbler aus dem Wasser hob, schien eine Eisenfaust direkt vor mir ins Wasser zu schlagen. So muss es klatschen, wenn Autos von Brücken stürzen!

Ein Torpedo mit roten Punkten
Was ich vor mir im Wasser sah, hatte wenig Ähnlichkeit mit einer Eisenfaust – es glich dem abdrehenden Körper der größten Bachforelle, die ich je gesehen hatte. Mindestens 80 Zentimeter war sie lang, ein runder, bulliger Torpedo, der so aussah, als könnte er Keschernetze zerfetzen.
Die Bugwelle, mit der die Forelle zurück ins tiefe Wasser schoss, hätte jedem U-Boot Ehre gemacht. Natürlich habe ich den Platz dann eine geschlagene Stunde lang befischt, alle erdenklichen Köder probiert, sogar den kleinen Gummifrosch. Aber die Forelle hatte mich gesehen und ging auf Nummer sicher. Und ich dachte mir: Dann komme ich

morgen wieder! Morgen, wenn die Riesenforelle den Schrecken verarbeitet und ihr Misstrauen verloren hat! Morgen, wenn ich eine dickere Schnur aufgespult, einen massiven Spezialdrilling an den Wobbler montiert und den großen Hechtkescher dabei habe!

Und nun eilte ich mit Riesenschritten (und Riesenkescher) den Fluss hinab, um die S-Kurve zu befischen. Vorsichtshalber hatte ich meinen Angelfreunden schon angekündigt, sie sollten sich im Laufe des Tages auf eine besondere Fangmeldung gefasst machen. Und den Coupon zur Anmeldung des Fisches bei der BLINKER-Hitparade hatte ich bereits ausgeschnitten und trug ihn in der Innentasche meiner Fliegenweste, ebenso eine Zugwaage. Was mochte dieser Fisch wohl wiegen: 12 Pfund? 14 Pfund? 16 Pfund?

Vielleicht war ich ein wenig optimistisch, was die Fangchancen angeht, aber hatte sich die Forelle nicht mit voller Wucht auf meinen Wobbler gestürzt? Der Fisch war gierig, geradezu ausgehungert. Nur weil ich den Köder aus dem Wasser gehoben hatte, war es nicht zum großen Biss gekommen. Diesmal würde ich den Wobbler bis zum letzten Zentimeter ausfischen. Und natürlich hatte ich vor, auf dem Bauch ans Wasser zu robben, statt wie eine Vogel- beziehungsweise Forellenscheuche in der Uferlandschaft zu stehen.

Verdammt, zwei Enten!
Rauschen, Wehre, Kehrwasser, all diese Plätze ließ ich links liegen. Was sollte ich mich auch mit Mini-Forellen abgeben? Heute gab es für mich nur eine Stelle: die S-Kurve. Ich kletterte über einen alten Weidezaun, drückte einen Busch beiseite, schlängelte mich zwischen zwei Uferbäumen hindurch. Wie weit mochte es noch bis zur S-Kurve sein? Vielleicht 50 Meter.

Da tauchten sie auf! Zwei Enten. Eine bunt, eine farblos. Offenbar ein Pärchen. Als sie mich sahen, flatterten sie unter heftigem Flügelschlag den Fluss hinab – es sah aus, als liefen sie über das Wasser. Ihre Flügel klatschten so laut, dass sogar eine taube Forelle verscheucht worden wäre. Nach zehn Metern hielten sie inne und schwammen gemütlich auf einer Gumpe.
Ich spürte, wie mir kalter Schweiß über den Rücken perlte. Diese dämlichen Enten! Sie gefährdeten meinen Plan. Zu oft schon hatten mich Terror-Enten an unserem Fluss zur Verzweiflung getrieben: Sie

tauchten vor mir auf – und blieben dort! Wenn ich einen neuen Schritt den Fluss hinab wanderte, flatterten sie ein neues Stück flussab. Die Folge dieses Wettlaufes war, dass die Forellen durch die Enten gewarnt wurden. Ganze Angeltage hatten mir die Vögel mit ihren Flügeln kaputt geschlagen.

Aber diesmal nicht! Ich beschloss, die Enten weiträumig zu umkurven, damit sie nicht laut klatschend in die S-Kurve flatterten. Auf leisen Sohlen schlich ich ein Stück ins Gestrüpp hinter dem Feld, arbeitete mich parallel am Ufer entlang und wollte hinter den Enten wieder zum Wasser durchstoßen. Aber was ich hörte, klang nicht gut: Auf dem Fluss klatschten Flügel – und die Terror-Enten waren weitere zehn Meter flussab geflattert. Nun waren sie nur noch 30 Meter von der S-Kurve entfernt.

Schweiß und Stacheln
Allmählich nahm der Schweiß auf meinem Rücken die Ausmaße eines Wasserfalls an. Meine Gedanken ratterten. Wie konnte ich verhindern, dass die Enten in die S-Kurve flatterten? Vielleicht musste ich mich ducken, bis ich im hohen Ufergras verschwand, und mich wie in Zeitlupe an den Enten vorbeitasten. Ja, das war ein guter Plan! Ich steckte meine Rute zusammen, nahm Umhängetasche und Kescher in die Hand und watschelte im Entengang durch die meterhohe Ufervegetation. Bald steckte der erste Brombeerstachel in meinem Oberarm, meine Wange streiften Brennnesseln, und der Schweiß in meinem Nacken vermischte sich mit Pflanzenresten und Pollen, die mir in den Kragen rieselten. Nur das ganz langsame Schaukeln des Ufergrases verriet, dass jemand seine Bahn zog.

Offenbar ging mein Plan auf. Ich war schon fast an den Enten vorbei. Sobald ich unterhalb auftauchte, würden sie flussauf flattern – raus aus der Gefahrenzone. Doch ich hatte mich zu früh gefreut. Es schnatterte laut, es flatterte kräftig – und die Terror-Enten hatten sich weitere zehn Meter den Fluss hinab geklatscht. Resigniert, mit Grashalmen hinterm Ohr, erhob ich mich wieder. Verflixt, was sollte ich tun?

Da kam mir eine Idee: Ich würde das Problem einfach aussitzen! Wozu hatte ich eine große Brotzeit dabei? Ich setzte mich ans Ufer, ließ die Stiefel über dem Fluss baumeln und freute mich an meinem Käsebrot. Bestimmt würden die Enten sich von alleine verziehen.

Wenn sie sich nicht gescheucht fühlten und langsam den Fluss hinab paddelten, würde das meine Riesenforelle nicht kümmern.

Mistviecher

Ganz langsam kaute ich mein Brot und täuschte mir eine Geduld vor, die ich natürlich nicht hatte. Mein ganzer Körper kribbelte, ich wollte endlich meinen Wobbler in der S-Kurve auswerfen. Aber die Terror-Enten verharrten zehn Meter vor mir. 15 Minuten. 30 Minuten. Eine ganze Stunde. Mein letztes Brot hatte ich übrig gelassen, mir war vor lauter Warten der Appetit vergangen. Je länger ich über die Enten nachdachte, desto wütender wurde ich: Hatten diese Mistviecher nichts Besseres zu tun, als mir die Fangchancen zu verhageln? Machten sie sich gar einen Spaß daraus, mich im Entengang durch Gras watscheln zu lassen? Verspotteten sie mich mit ihrem Schnattern, weil es ihnen so leicht fiel, mich um den wohlverdienten Fisch meines Lebens zu bringen?

Betrübt sah ich auf die Reste meines Brotes. Da flackerte eine geniale Idee in meinem Kopf auf! Ob es mir vielleicht gelänge, die Enten mit dem Brot so lange zu füttern, bis ich sie flussauf dirigiert hatte? Diese Idee war meine Rettung! Ich begann, kleine Brotstücke ins Wasser zu werfen. Und die Enten, gierig aufs Futter, schwammen mir entgegen, pickten das Brot auf und kamen näher und näher. Wie erstarrt saß ich am Ufer, nur der Arm, mit dem ich fütterte, bewegte sich. Nun waren die Enten nur noch drei Meter entfernt. Ich warf das Brot mit großem Schwung flussauf. Aber die Enten wollten einfach nicht an mir vorbei! Sie warteten cool, bis es an mir vorbeigetrieben war. So ging das fünf, sechs Mal, bis sich mein Brot dem Ende zu neigte.

Sehnsuchtsvoll dachte ich an die letzte Peking-Ente, die ich vor ein paar Wochen bei meinem Chinesen verspeist hatte. Und ich wünschte mir, im nächsten Leben als Fuchs zur Welt zu kommen. Oder als Jäger. Mir war völlig klar: Wenn ich jetzt aufstehen und ein paar Schritte flussab gehen würde, triebe ich die Enten als flügelschlagendes Achtung-Angler-kommt-Warnkommando vor mir her. Ein solcher Alarm kam sogar bei dummen Jungforellen an, erst recht bei einer erfahrenen Kapitalen.

Rettender Einfall
Ich war kurz vorm Aufgeben, da sprang mich ein rettender Einfall an. Was wäre, wenn ich den Enten einen Riesenschrecken einjagte? Einen Schrecken, der sie um ihr Leben fürchten ließe? Dann würden sie nicht den Fluss hinab klatschen, sondern sich an den für sie sichersten Ort schwingen: hinauf in den Himmel. Ich musste es schaffen, die große Flucht statt der kleinen auszulösen. Und ich wusste, wie mir das gelänge.
Vorsichtig griff ich zu der Angelrute hinter mir, kniff die Schnur oberhalb des Wobblers ab und schnappte ein Stück Brotkruste. Dieses knotete ich mehrfach an die Schnur. Die Enten sollten den Köder in Ruhe nehmen, bis sie ihn ein Stück geschluckt hatten. Dann wollte ich einen kleinen Anhieb setzen. Dem Tier würde nichts passieren, ich angelte ja ohne Haken. Aber der Schrecken wäre so groß, dass es steil in den Himmel flöge! Und ich könnte meine Großforelle ungestört befischen!
Ich ließ das Brotstück direkt unter meiner Rute ins Wasser und öffnete den Bügel. Langsam trieb es den Fluss hinab, direkt auf die Enten zu. Es war das mit Abstand größte Brotstück, das sie am heutigen Tag zu sehen bekamen. Guten Appetit!
Die Terror-Enten waren erfreut, als sie das Brotstück entdecken. Hektisch paddelten sie gegen die Strömung, die Hälse weit nach vorne gesteckt, es war ein kleiner Wettlauf: Wer würde den Happen als Erster erhaschen? Ich konnte mir ein Grinsen nicht verkneifen, denn nun würde die Mahlzeit nach hinten losgehen.
Nur noch eine Armlänge waren die Enten vom Brot entfernt, als sie Panik überkam. Sie schossen davon, eine nach links, eine nach rechts. Und im selben Moment sah ich eine Bugwelle, die einem U-Boot alle Ehre gemacht hätte. Sie rollte direkt auf mein Schwimmbrot zu. Wieder klatschte eine Eisenfaust ins Wasser. Ich sah die roten Punkte am Körper meiner Riesenforelle leuchten, als sie sich mit der Beute absinken ließ. Mit offenem Mund saß ich am Ufer.

Traum und Alptraum
Genau das, was ich mir erträumt hatte, war eingetreten: Die Forelle hing an meiner Schnur! Und genau das, was der Alptraum jedes Anglers ist, war ebenfalls eingetreten: Am Ende dieser Schnur befand

sich kein Haken! Wie sollte ich die Forelle landen? Es gab nur eine Chance: Ich würde warten, mindestens eine halbe Stunde lang. Je tiefer sie die Schnur geschluckt hatte, desto größer die Chance, dass ich sie doch mit sanfter Gewalt in meinen Kescher dirigieren konnte.
Meine Schnur lief flussabwärts: Offenbar zog sich die Großforelle wieder in die S-Kurve zurück. Wahrscheinlich hatten sie die Brotreste beim Entenfüttern flussauf gelockt. Langsam folgte ich der Forelle am Ufer zum Eingang der S-Kurve. Nach einer halben Stunde begann ich den Drill. Nicht mit einem Anhieb, sondern indem ich sanften Zug aufnahm. Es war ja durchaus möglich, Fische ohne Haken zu fangen, das wusste ich vom Pöddern auf Aal. Nur musste man als Angler jeden ruckartigen Zug vermeiden und den Fisch an ganz lockerer Leine führen.
Mein erster Zug stieß auf einen Widerstand, der sich wie ein Hänger anfühlte. Erst als ich den Druck vorsichtig erhöhte, schien der Fisch ihn wahrzunehmen. Ich spürte das sanfte Kopfschütteln einer Löwin, die eine lästige Fliege vertreiben will. Die Riesenforelle hob sich ein kleines Stück vom Grund, jetzt konnte ich sie durch die Polarisationsbrille sehen. Meinen Kescher hatte ich schon ins Wasser getaucht – ich musste die Forelle überrumpeln, sie landen, ehe sie merkte, dass sie gedrillt wurde.
Zu meiner Verblüffung folgte der Riesenfisch dem sanften Zug, als wäre er neugierig, die Ursache zu erkunden. Noch 20 Zentimeter lagen zwischen ihm und dem Kescher. Ich spürte, dass meine Rutenhand zu zittern begann. Hoffentlich würde die Schnur nicht im letzten Moment aus dem Forellenmaul gleiten! Jetzt war der Kopf überm Kescher, noch ein winziges Stück, und dann ...
Da bemerke der Fisch den Kescher – und explodierte förmlich. Das Wasser spritzte so hoch, als hätte jemand eine Handgranate gezündet. Mit einem Wirbel tauchte die Forelle ab. Und ehe ich es schaffte, Schnur zu geben, federte meine Rute nach oben. Sie war ab! Entglitten! Entkommen! Entwischt! Ich trommelte verzweifelt aufs Ufergras, wie ein Fußballer, der einen entscheidenden Elfmeter verschossen hat. Ein Geräusch ließ mich aufblicken. Entenflattern. Die beiden Vögel kreisten über mir und schnatterten fröhlich. Ich bin sicher: Sie haben gelacht!

Angeln ist (un)gerecht!

Wenn mein Opa ohne Fisch nach Hause kam, freute er sich umso mehr auf den nächsten Angeltag. Er glaubte fest an ausgleichende Gerechtigkeit, an den Triumph nach der Schlappe. Mir geht es ähnlich: Wenn ich beim Hechtangeln den dritten Fehlbiss habe, flehe ich zum Himmel: »Aber beim nächsten Mal!«, als wäre nach drei Löffeln Lebertran zum Ausgleich ein Bonbon fällig. Doch Petrus scheint sich diebisch über mein Pech zu freuen – und lässt es in Serie gehen!

Vielleicht kennen Sie das: Eine Zeitlang sitzen alle Anhiebe wie von alleine. Aber geht der erste daneben, ist es vorbei. Ein Fehlbiss jagt den nächsten. Ich wechsle die Strategie. Schlage schneller an. Erfolglos. Warte länger. Erfolglos. Versuche, ob der Fisch sich selbst hakt. Erfolglos. Es ist, als würde ich ohne Haken fischen. Und Petrus, der Gerechte? Wahrscheinlich kringelt er sich vor Lachen. Ich bin Hauptdarsteller in seinem Theater. Komische Vorstellung. Für ihn.

Neulich kam mir aber der Gedanke. Vielleicht gibt es doch ausgleichende Gerechtigkeit. Vielleicht gibt es einen Günstling der Statistik: Einen Kollegen, der für jeden Löffel Lebertran, den ich schlucke, ein Bonbon schlecken darf. Beispiel: Ich reiße meinen teuersten Wobbler bei Flut im Steinufer der Elbe ab – und er, der Günstling, findet ihn bei Ebbe und fängt damit einen Mordszander! Oder: Der Kontrolleur richtet seinen Feldstecher auf mich, weil ich im Schongebiet angle – und ihn, den Günstling, der zur gleichen Zeit einen lebenden Köderfisch auswirft, ihn übersieht er deshalb! Jedes Mal, wenn ich einen Kapitalen an der 0,35er Schnur abreiße, fängt er einen mit Stippe und hauchdünner Schnur. Und jedes Mal, wenn ich Caster statt Maden in meiner Dose finde, haben sich seine Caster zurück zu Maden verwandelt.

Da fällt mir ein: Habe ich nicht auch schon unverschämtes Glück gehabt? Wenn ich nur an den großen Hecht denke, der den Barschspinner ganz vorne im Maul hatte! Wer hat dafür den Lebertran geschluckt, einen Hecht am Stahlvorfach verloren? Falls Sie es waren: Bleiben Sie cool! Beim nächsten Mal gibt's wieder ein Bonbon. Versprochen.

Ich sehe Bisse, die du nicht siehst

Jedes Mal, wenn sich kleine Ringe an der Oberfläche bilden, steht für mich fest: Hier treiben Riesenbarsche einen Schwarm von Kleinfischen zusammen, natürlich großflächig! Diese Idee lässt sich nicht aus meinem fischförmigen Gehirn vertreiben, auch nicht vom Regentropfen, der auf meiner Nase zerplatzt (unmöglich, dass all diese Ringe nur Regentropfen sind!).

Wenn es im Morgengrauen an der Oberfläche blubbert, ist mir sofort klar: Hier gründelt ein Wildschwein von einem Karpfen! Die Blasen können so groß wie Eier sein und nach Faulgas stinken, dass es mich aus den Stiefeln haut: Mein Blei schlägt sofort am Tatort ein. Gasblasen? Von wegen!

Wenn es im Wasser klatscht, als hätte der Jumbo einen Zementsack abgeworfen, zweifle ich keine Sekunde: Hier raubt ein Riese! Mal habe ich einen Hecht von 50 Pfund vor Augen. Ab der Dämmerung sehe ich auch gerne den Schwanz eines Wallers von 150 Pfund an der Oberfläche peitschen. Dass Vögel solche Geräusche verursachen? Oder gar Badegäste? Unmöglich!

Jedes Mal, wenn die kleinste Welle den Wasserspiegel meines Sees faltet, weiß ich genau: Hier schiebt ein Riesenfisch seine Bugwelle! Vor allem an Tagen mit starkem Wind sind Dutzende von diesen Monstern unterwegs. Ich werfe ihnen meinen Köder vors Maul.

Die Pose verschwindet in einem Wellental? Biss! Der Teig ist nicht mehr am Haken? Abgefressen! Meinem Köderfisch fehlt eine Schuppe? Hecht! Das Grundblei sitzt fest? Aal! Ich fühle mich umzingelt von fresswütigen Kapitalen, von Fischen, die mit offenem Maul durchs Wasser schwimmen und nur darauf warten, dass sie meinen Köder zwischen die Zähne bekommen.

Die Amerikaner haben eine schöne Umschreibung dafür: Sie nennen das »Augenfieber«. Mal hält der Jäger einen Passanten für einen Hirsch, mal der Angler eine Ente für einen Karpfen. Wir sehen das, was wir sehen wollen! Bei der Jagd ist das gefährlich. Beim Angeln weniger. Es sei denn, ein Taucher hinterlässt Sauerstoffblasen an der Oberfläche. Dann könnte ihn mein Festblei als »ganz großen Karpfen« erschlagen!

Skandal beim Köderkauf

Eigentlich sollte er für seine Liebste zum Einkaufen fahren. Aber er kam an seinem Angelladen einfach nicht vorbei – ein Abstecher mit fatalen Folgen.

Es war ein Frühlingstag wie aus dem Bilderbuch, die Vögel zwitscherten von den Bäumen: »Fahr ans Wasser!« Der Wind säuselte mir ins Ohr: »Fahr ans Wasser!« Und meine Liebste sagte: »Fahr zum Supermarkt!« Sie wollte einen Obstsalat machen, ich sollte die Zutaten holen.

Sofort war ich zu Diensten, denn auf dem Weg zum Supermarkt komme ich bei meinem Angelgerätehändler vorbei. Natürlich würde ich einen kleinen Abstecher wagen, sagen wir von einer halben Stunde. So lange brauche ich, bis ich das Geschäft einmal umrundet habe. Doch meine Liebste rief noch: »Es eilt, ich muss gleich noch zum Sport. Geh nicht in den Angelladen, hörst du?!«

Sie kannte mich gut. Zu gut! Meine Tour durch den Angelladen sieht immer gleich aus: Erst schleiche ich an den Kunstködern entlang, mit denen der Händler seine Wände schmückt. Dabei bekommen meine Augen den verklärten Blick eines Kunstkenners, der durchs Picasso-Museum schlendert. Nie kann ich es lassen, Wobbler und Spinner, Blinker und Gummiköder in die Hand zu nehmen.

Gespräch mit Ködern

Dann führe ich ein kleines Gespräch:
»Wie würdest du dich an meiner Spinnrute machen?«
»Bestens!«
»Und was würdest du fangen?«
»Alles!«
Schon landet der Spinnköder in meinem Einkaufskorb. Wahrscheinlich hat der Händler die Köder darauf trainiert, mir immer die richtigen Antworten zu geben.

Als Nächstes stoße ich auf die Angelruten, sie stehen in einer gewaltigen Reihe Spalier. Ich leide unter dem »Grabscher-Syndrom«, komme an keiner neuen Rute vorbei, ohne sie anzufassen, aus dem Ständer zu heben und im Laden ein paar fiktive Würfe zu probieren.

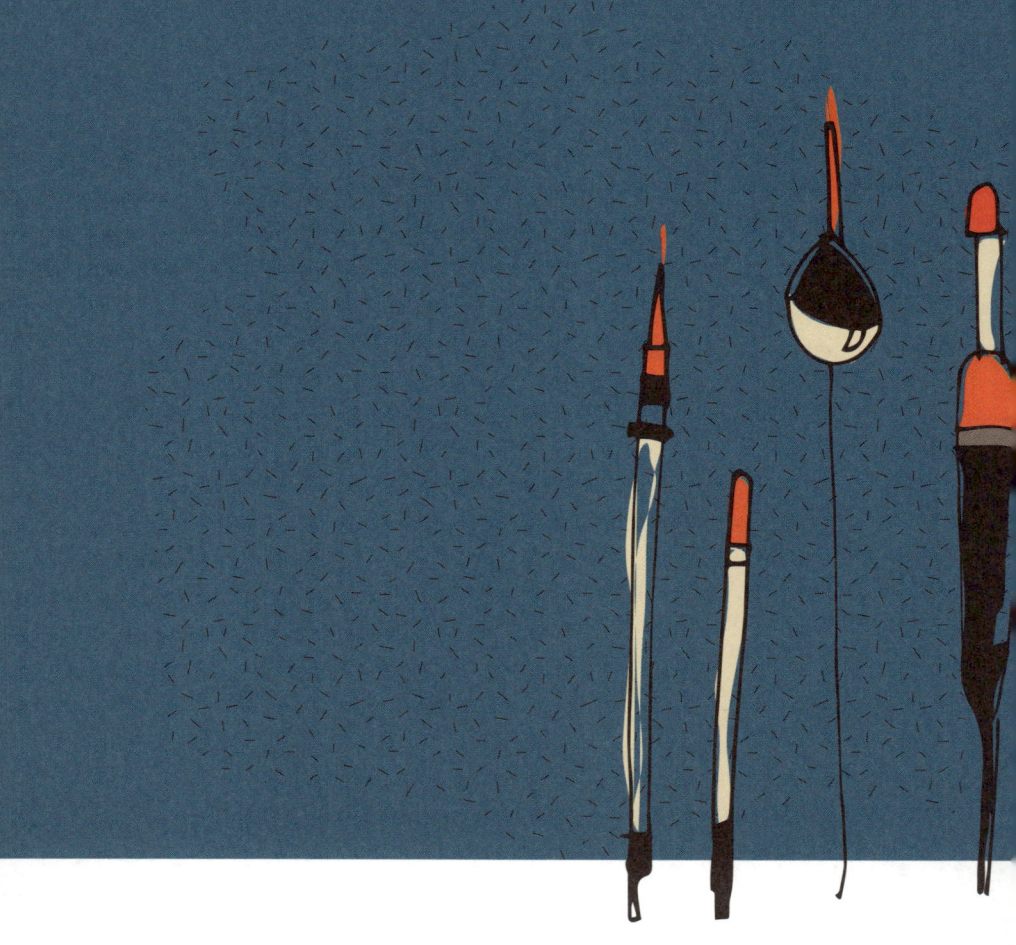

Einmal habe ich mit einer Matchrute einem anderen Kunden die Brille von der Nase geschlagen. Sie hat es überlebt. Die Rute, meine ich. Die Brille leider nicht!

Tja, und wenn ich die Ruten ausreichend begrabscht habe, laufe ich den Angelhaken entgegen. Wahrscheinlich bin ich der einzige Kunde dieser Welt, der an die Aufdrucke auf den Packungen glaubt: »Achtung, bitte nicht in die Hände von Kindern geben – jetzt noch schärfer!« Dann muss ich an die vielen Fehlbisse von vorgestern denken; und schon sind die neuen Haken gekauft.

Die Posen lachen mich wie bunte Blumensträuße in großen Bechern an. Es liegt wohl an meiner ausgeprägten Fantasie, dass ich keine

Pose anschauen kann, ohne sie auf dem Wasser zu sehen – und zwar dabei, wie sie gerade untergeht. Ich höre die Hechtpose mit sektkorken-reifem Geräusch unter Wasser ploppen, sehe den Waggler wie Spargel aus dem Wasser wachsen, die Stipp-Pose wie bei einem Erdbeben zittern, zucken und abtauchen.

Zertrümmerte Brille
Am liebsten würde ich gleich eine Rute von nebenan schnappen und noch im Geschäft einen Anhieb setzen. Aber seit der zertrümmerten Brille – ich musste sie ersetzen! – bin ich vorsichtiger geworden.
  Die letzte Station meiner Tour durch den Angelladen ist der Kühl-

schrank mit den Lebendködern. Mein Händler bietet nicht nur die üblichen Packungen mit Maden und Würmern an, also homöopathische Mengen. Nein, bei ihm kann ich 50 Tauwürmer oder einen ganzen Liter Maden kaufen. Kennen Sie das wunderbare Gefühl, Riesenmengen von Maden auf Vorrat zu haben? Man kann so großzügig anfüttern, bis die Fische vor lauter Gier sogar das Bleischrot fressen würden.

Und so kam es, dass ich an diesem Frühlingstag eben doch im Angelladen vorbeischaute, sogar 45 Minuten – und dass ich, neben einem Vorrat an Kunstködern, Posen und Drillingen, auch eine Literpackung mit Maden kaufte. Ich steckte den Einkauf in meinen kleinen Rucksack, sprang in mein Auto und raste weiter zum Supermarkt. Bestimmt vermisste mich meine Frau schon, ich musste die Zutaten für den Obstsalat blitzschnell ranschaffen.

Muss ich erwähnen, dass ich in Supermärkten und Kaufhäusern immer der Schnellste bin? Ein »Einkäufer und kein Bummler«, wie ich immer zu meiner Liebsten sage. Statt vor jedem Regal zu verweilen, sauste ich durch die Gänge und schnappte mir meine Einkäufe wie ein Läufer den Staffelstab: Bananen, Äpfel, Kiwi und zwei Melonen. Ich passierte die Kasse des Supermarktes wie ein Sprinter die Ziellinie. Erst wollte ich das Obst in meinen Rucksack stecken, den ich nach wie vor trug. Dann fiel mir ein, dass meine Liebste die Nachbarschaft von Angelködern und Lebensmitteln nicht schätzt. Also ließ ich das Obst in der Tüte und brauste nach Hause.

Horror im Radio
Meine Liebste saß auf der Terrasse, blätterte in einer Zeitschrift und hörte nebenbei Lokalradio.
»Da bin ich wieder, Schatz!«, trällerte ich.
Sie sah mich skeptisch an: »Dafür, dass du ein Einkäufer und kein Bummler bist, hast du lange gebraucht.«
»Sorry, der Supermarkt war heute sehr voll.«
»An einem Mittwoch um 16 Uhr?«
»Ja, die Hölle war los. Ich glaube, die hatten Sonderangebote.«
»In welchem Supermarkt warst du denn?«
»Bei Knalldi in der Hauptstraße.« »Aber du hast nicht zufällig noch bei deinem Angelgerätehändler vorbeigeschaut?«

»Dann hätte ich Angelgerät mitgebracht. Aber hier ist nur Obst drin!« Ich hielt ihr die offene Tüte hin. Wie gut, dass ich den Rucksack mit den Maden im Kofferraum gelassen hatte!

Da fiel uns der Radiomoderator des Lokalsenders, »Chaos-Kai«, ins Wort, mit aufgeregter Stimme rief er: »Wir unterbrechen die Musik für eine Eilmeldung aus der Innenstadt: Die Filiale von Knalldi wurde kurzfristig geschlossen – wegen Hygieneproblemen. Noch sind keine Details bekannt. Wir informieren Sie, sobald wir Einzelheiten wissen.«

Meine Liebste streichelte mir übers Haar: »Entschuldige, dass ich dich verdächtigt habe! Dann hatte es bestimmt mit diesen Problemen bei Knalldi zu tun, dass es so lange an der Kasse gedauert hat. Hoffentlich ist unser Obst in Ordnung.« Sie inspizierte den Inhalt meiner Tüte, tastete das Obst ab und nickte freudig: »Das ist okay, das können wir ohne Bedenken essen.«

Maden-Alarm

Mit der Tüte in der Hand und einem Lächeln auf den Lippen schlenderte sie in die Küche. Das Radio auf der Terrasse ließ sie an. Ich wollte gerade zum Auto eilen, um die Maden in meinen Angelkühlschrank im Keller zu schmuggeln, da wurde die Musik für eine neue Eilmeldung unterbrochen. Chaos-Kai raunte: »Allmählich werden Details zur Knalldi-Schließung in der Innenstadt bekannt. In der Obst- und Gemüseabteilung sind große Mengen von krabbelnden Maden entdeckt worden. Kreischende Kundinnen haben das Personal darauf aufmerksam gemacht. Durch einen Eilbeschluss des Hygiene-Amtes musste der Laden umgehend dichtmachen.«

Ein böser Verdacht beschlich mich. Ich stürmte zu meinem Auto. Es dauerte eine halbe Stunde, bis ich die Maden eingesammelt hatte, die in alle Himmelrichtungen aus dem undichten Rucksack ausgebrochen waren.

Dann rief meine Frau: »Der Obstsalat ist fertig. Wollen wir auf der Terrasse essen?«

»Besser drinnen«, antwortete ich.

Und schaltete das Radio auf der Terrasse aus.

Fischleerer Raum

Mit einem Pendelwurf lasse ich meinen Spinner unter den Tannenast über der tiefen Außenkurve sausen. Wie jedes Mal, wenn ich diese Gumpe befische, packt mich das Fangfieber. Und wie jedes Mal, wenn ich diese Gumpe befischt habe, gehe ich schließlich ohne Forellenbiss weiter.

Ist es Ihnen auch schon aufgefallen: Gerade an Plätzen, die zum Anbeißen aussehen, beißt oft gar nichts! Ganz egal, ob es die tiefe Außenkurve im Bach ist, eine verlockende Seerosenbucht im Teich oder ein Barschberg, der sich alpenreif aus dem flachen Seegrund erhebt. Bei solchen Plätzen fallen Ihnen tausend Gründe ein, warum sie voll mit Fischen sein müssen. Und doch öffnet sich kein Maul für Ihren Spinner, die Pose steht still und die Trockenfliege könnte abtreiben bis ins Meer, ohne dass ihr eine Hechel gekrümmt wird.

Inzwischen glaube ich, es muss eine Bundesbeißschutz-Behörde der Fische geben, die gerade an Traumplätzen vor dem Verzehr von Ködern warnt. Etwa durch Schilder, auf denen ein Wurm am Haken durch das Symbol eines Totenkopfes als tödliche Gefahr gebrandmarkt wird. Das würde bedeuten: Die Fische tummeln sich zwar an den schönsten Angelplätzen, sind aber vorm Anbeißen gewarnt.

Oder stellen Sie sich vor: Die attraktivsten Stellen sind unter Wasser als Fischsperrgebiete ausgewiesen, als hakenvermintes Gelände, dessen Beschwimmen strengstens verboten ist. Also ein klassisches Ablenkungsmanöver – wir werden an vermeintliche Traumplätze gelockt, aber die Fische schwimmen ganz woanders und reiben sich schadenfroh die Brustflossen!

Oder herrschen unter Wasser ähnliche Besitzverhältnisse wie über Wasser? Drängen sich die Massen auf tristem Raum (wie bei uns die Großstadt-Menschen), während einzelne Bonzen traumhafte Flusskilometer bewohnen (wie bei uns die Villen-Besitzer)? Ist das schönste Angelgebiet also einfach zu dünn besiedelt, als dass wir gut fangen könnten? Wieder und wieder werfe ich meinen Spinner an Traumplätzen aus. Wieder und wieder kommt er zurück ohne Fisch, zurück ohne Antwort. Und dreht durch dabei. Wie gut ich ihn manchmal verstehe!

Angelwetter aus China

Die Nachricht war ein echter Kracher, und sie kam aus China: Einheimische Forscher hätten eine Wettermaschine konstruiert, mit der sich Regen unterdrücken ließe. Ob Sportereignis oder Staatsakt, keine große Veranstaltung fiele mehr ins Wasser. Und das olympische Motto »Dabeisein ist alles« würde für alle, aber nicht für den Regen gelten.

Völlig klar, dass sich die chinesische Wettermaschine zum Exportschlager entwickeln und bald in jedem deutschen Angelgeschäft finden wird. Denn bislang sind wir Angler die Knechte des Wetters. Wer sah nicht schon, nass bis auf die Knochen, seine Fangchancen mit einem Hochwasser davonschwimmen? Wer saß nicht schon im Juli mit Sonnenstich, aber ohne jeden Stich bei den Fischen an einem zum Backrost gewordenen Steinufer? Wer stand nicht schon im Januar mit Eisbohrer und Pimpelrute vor seinem Lieblingssee, während ihm zu seinem Glück nichts mehr fehlte – bis auf das Eis?

Vorbei! Die chinesische Wettermaschine befreit uns aus dem Würgegriff der Naturgewalten. Das Wetter wird zum Wunschkonzert. Der Huchenangler tippt ein Schneetreiben ins Display, das eine Stunde vor Dämmerung beginnen und zwei Stunden später, nach dem Drill des 60pfünders, für die nächtlichen Fangfotos enden soll. Der Hechtangler lässt Oktobernebel aus der Maschine dampfen und richtet sich einen kräftigen Morgenfrost im Juli ein. Der Aalangler gibt den Gewitterwolken den Marschbefehl und lenkt den Blitz geschickt an seiner Kohlefaserrute vorbei. Und der Spinnfischer an der Küste befiehlt dem Wind, seinen Blinker auf 130 Meter Entfernung zu tragen. Das Wetter, unser alter Feind, wird zum besten Fangkomplizen! Oder doch nicht? Stellen Sie sich vor, der Eisangler gibt klirrenden Frost, der Schleienangler aber gleichzeitig Eisschmelze ein. Der Aalangler will, dass es Bindfäden regnet – der Trockenfliegen-Fischer will, dass es gar nicht regnet. Der Hechtangler besteht auf Nebel, der Matchangler auf klare Sicht, und der Zanderangler ruft nach ewiger Finsternis ... Und so geraten sie aneinander, die chinesischen Wettermaschinen. Jede will Oberhand über das Wetter gewinnen. Doch die einzelnen Befehle, von Frost bis Schmelze, von Regen bis Trockenheit, heben einander auf. Und das Wetter weiß nicht, was es tun soll. Also tut es, was es will. Wie gehabt.

Die Selbsthak-Therapie

Woran denken Sie bei der Selbsthak-Methode? Ans Karpfenangeln? Dann haben Sie die ganze Bandbreite dieser revolutionären Methode noch nicht erkannt.

Mit der Selbsthak-Methode verhält es sich wie mit der Selbsterfahrungs-Therapie: Jeder kann sie nur für sich entdecken, ganz individuell. Die Aussichten auf einen Selbsthak-Erfolg sind glänzend, vor allem beim Fliegenfischen. Wählen Sie eine möglichst leichte Rute, einen möglichst windigen Tag und einen möglichst scharfen Streamer, den Sie durch ein großes Bleischrot beschweren. Achten Sie streng darauf, dass Sie Ihren Selbsthak-Erfolg nicht durch das Tragen eines Hutes mit breiter Krempe gefährden.

Nun ziehen Sie mindestens fünf Meter mehr Schnur von der Rolle, als Sie in der Lage sind, kontrolliert in der Luft zu halten. Schwingen Sie Ihre Rute wie ein wilder Cowboy das Lasso und richten Sie Ihren Blick dabei kompromisslos nach vorne, statt der Schnur beim Rückschwung zu folgen.

Mit etwas Glück stellt sich Ihr Selbsthak-Erfolg schon nach fünf Minuten ein. Meist baumelt der Streamer am Ohrläppchen, weshalb man auch vom »auditiven Selbsthak-Effekt« spricht. Das Gegenstück dazu ist der »visuelle Selbsthak-Effekt«, den Sie freilich nur erzielen können, wenn Sie beim Fliegenfischen konsequent auf eine Polarisationsbrille verzichten. Einer Goldkopfnymphe, die (fast) ins Auge gegangen ist, verdanken wir übrigens die schöne Mode des Augen-Piercings.

Falls Sie kein Fliegenfischer sind: Nur kein Neid! Die Selbsthak-Chancen stehen auch für Sie hervorragend. Der Bootsangler setzt sich mit Vorliebe auf seine Drillinge. Der Stippfischer verwechselt seine Fingerkuppe mit der Made. Der Spinnfischer macht seinen Blinker beim Hängerlösen zum Geschoss. Und beim Karpfenangeln ist es ein Leichtes, das schwere Blei beim Montieren fallen und den Haken ins Fleisch der Finger sausen zu lassen.

Womit bewiesen wäre: Die Selbsthak-Methode ist vielseitiger, als die meisten Angler zu träumen wagen!

Die verrückte Barsch-Wette

Es war eine verrückte Wette, die Marco seinen Angelkollegen anbot – eine Wette zum Barschfang, die er zwangsläufig verlieren musste. Oder hatte er einen Trumpf in der Hinterhand?

»200 Barsche an einem Tag«, wiederholte ich und tauschte mit Dieter fragende Blicke aus. War Marco am Sonntagmorgen schon betrunken? Wir saßen am Stammtisch unseres Vereinslokals. Doch Marco, ein ausgesprochenes Schlitzohr, wirkte nüchtern. »Was ist nun«, fragte er herausfordernd, »geht ihr auf meine Wette ein? Wie gesagt: Ich werde 200 Barsche in unserem See fangen. An einem Tag. Wenn es nicht klappt, suche ich euch eine Saison lang die Tauwürmer. Sonst müsst ihr für mich über die taunassen Nachtwiesen kriechen.«

Dieter nickte mir zu. »Also gut«, sagte ich, »die Wette gilt!« Worauf Marco das penetrante Grinsen eines Trickbetrügers aufsetzte, der gerade jemanden übers Ohr gehauen hat. Dabei war seine Wette aussichtslos. Mehr als 25 Barsche am Tag gab unser Vereinsgewässer, der kleine Baggersee am Standrand, einem einzelnen Angler nicht her. Gerade das war es, was mich verunsicherte: Wie konnte Marco so selbstsicher sein, obwohl seine Wette so aussichtslos war?

Tricksen und täuschen?

»Ob er uns reinlegen will?«, flüsterte ich Dieter ins Ohr. »Irgendein Trick muss ja dabei sein«, raunte mein Freund zurück. Marco schien zu ahnen, wovon wir sprachen. »Ihr könnt mich ja bei der Barschjagd begleiten«, bot er an.

»Das werden wir auch tun«, entgegnete Dieter. »Und wann willst du gehen?«

»Am nächsten Samstag«, antwortete Marco. »Ich werde es beim Steg versuchen.« Dieter und ich sahen uns erstaunt an. Marco wollte an einem Samstag angeln? Sonst konnten ihn samstags keine zehn Pferde vom Radio wegschleppen. Die Live-Konferenz aus den Fußball-Stadien war seine Leidenschaft. Hatte sein Lieblingsverein Bayern München spielfrei am Wochenende?

Nun kam die Zeit, da sich der »Stammtisch für Jäger, Fischer und andere Lügner« seinen Namen verdiente. Alte Fänge wurden aufgepustet, Rotaugen-Drills mutierten zu Drachenkämpfen, und der berüchtigte, nur durch sein Rauben bekannte »Steghecht« zum kinderfessenden Krokodil. Es war 0.30 Uhr, als wir zum letzten Mal anstießen und die Gläser leerten. Dann machten wir uns auf den Heimweg. Ein frommer Wunsch, den der Wirt augenzwinkernd geäußert hatte, begleitete uns: »Hoffentlich funkt euch am Samstag kein Tierschützer dazwischen. Denn eine Wette und ein Angeln – das würden die glatt als Wettangeln bewerten …«

Am Samstag war es noch dunkel, als Dieter und ich beim Steg ankamen. Unser Wettpartner war noch nicht da. Also legten wir unsere Grundruten am Steg mit Tauwurm aus und harrten der Fische, die da kommen sollten. Lange mussten wir nicht warten. Bei Dieter biss ein schöner Aal, ich hatte mich mit zwei Kaulbarschen zu begnügen. Allmählich wurde es hell.

Doch wo blieb Marco? Hatte er verschlafen? Oder drückte er sich? Erst gegen 8 Uhr, mit den ersten Morgenspaziergängern, tauchte er seelenruhig auf. »Nanu, ihr seid schon da?«, begrüßte er uns. »Ich habe lieber ausgeschlafen. Meine Wette gewinne ich ja sowieso.« Nun wuchs unsere Spannung: Welche sensationelle Methode würde Marco verwenden, um 200 Barsche zu fangen? Wir konnten es kaum glauben: Er montierte zwei tote Heringe, beide über 30 Zentimeter lang. »Marco, fühlst du dich auch ganz wohl?«, fragte ich vorsichtig. »Mir geht es bestens«, versicherte er. »200 Barsche. Die Wette gilt.«

Jubelschreie vom Wasser
Es wurde ein schöner Tag, sonnig und windstill. Dieter und ich fingen bis zum Nachmittag viel Kleinzeug, außerdem einen guten Döbel. Und Marco? Der saß steif neben seinen Hechtruten und wartete offenbar

vergeblich auf Barschbisse. Nun hatte er Kopfhörer in die Ohren gestopft und ließ sich wohl von Musik berieseln.

Dieter und ich hatten Hunger bekommen und machten uns auf den Weg zum nahen Kiosk. »Marco muss von Sinnen sein«, meinte Dieter unterwegs. »Wie kann er glauben, mit 30-Zentimeter-Köderfischen Hunderte von Barschen zu fangen?«

»Du hast recht. Das Beste wird sein, ich spreche mal mit seiner Frau. Vielleicht sollte er wirklich zum Psychologen gehen.« Wir waren gerade beim Kiosk angekommen, da hörten wir Jubelschreie vom Wasser. »Marco muss einen Kapitalen gefangen haben«, rief ich aufgeregt zu Dieter. Wir rannten zurück zum Steg. Marco hatte die Arme hochgerissen und tanzte im Kreis. Doch wo war der Riesenfisch? »Was ist passiert?«, fragte Dieter atemlos. »Ich habe es live gehört«, rief Marco und deutete auf seine Kopfhörer. »Tor für Bayern München. Der Siegtreffer in der letzten Spielminute.«

Ernüchtert, mit Hunger im Bauch und überzeugt, dass durch den Lärm alle Fische verscheucht waren, angelten wir weiter. Tatsächlich tat sich bis zum Abend nichts mehr. Dann aber wurde es lebendig um den Steg; Tausende von Jungfischen versammelten sich. Plötzlich grinste Marco überlegen. »So, meine lieben Freunde. Jetzt muss ich ein bisschen was tun, damit ich unsere Wette gewinne. Er baute seine Köderfischsenke auf. Selbstsicher schritt er auf den Steg.

Strohköpfe

»Der erste Wurf«, kommentierte er, als die Senke im Wasser gelandet war. Er wartete 30 Sekunden, dann zog er. Das Netz war voll mit fingerlangen Köderfischen, Jungbarschen. Marco schüttete sie in seinen großen Köderfischeimer. Jetzt dämmerte es Dieter und mir. Diese Barsche hatte Marco also gemeint! Was waren wir doch für Strohköpfe gewesen!

Weitere Senkwürfe brachten Marco weitere Barsche. Ob es schon 200 waren? Da spritzten die Jungfische aufgeregt auseinander und waren wie vom Gewässerboden verschluckt. Zweifellos, hier raubte der kapitale »Steghecht«. Marcos Gesicht wurde länger und länger, denn die kleinen Barsche waren nun vertrieben.

Ein Piepen am Ufer erinnerte ihn an seine Hechtruten. Sein Bissanzeiger schlug Alarm. Mit hallenden Schritten rannte Marco vom Steg. Der

Anhieb saß, seine Rute legte sich krumm, als hegte sie Selbstmord-Absichten. Ein aufgeschrecktes Entenpaar flatterte in die Höhe, die Rollenbremse sang, und Marco drillte. Er gab Schnur, er pumpte, er redete seinem Gegenüber gut zu. Langsam bildeten sich Schweißperlen auf seiner Stirn.

Ich stand ungeduldig mit dem Kescher bereit, doch immer wieder flüchtete der Fisch. »Mensch«, stöhnte Marco, »ich glaube, ich hab ein U-Boot gehakt.« Womit er nicht ganz Unrecht hatte, denn einige Minuten später konnte er seinen Drillgegner ins flache Wasser zwingen: Das »U-Boot« war ungefähr 25 Pfund schwer, hatte einen Entenschnabel und wurde von mir fachgerecht gekeschert und ans Ufer geschleppt. »Der Steghecht, der Steghecht, so ein Riesending«, freute sich Marco immer wieder und tanzte um den Fisch. Sein Freunden-Geheul war nun noch lauter, als es sein Torjubel gewesen war. Diesmal freuten wir uns mit ihm.

Überraschende Zählung

Es war schon dunkel, als wir im Vereinslokal ankamen. Der Wirt verstand nicht, warum wir alle strahlten. Nun ließ Marco die Katze, genauer den Hecht, aus dem Sack. Der Wirt pfiff durch die Zähne. »Ein toller Fisch«, sagte er und klopfte Marco auf die Schulter. »Doch was ist mit eurer Wette? Wer hat sie gewonnen?«

Ja, die Wette. Wir hatten sie ganz vergessen. Und doch waren Dieter und ich uns einig: »Wir haben sie gewonnen!«

»Seid ihr da so sicher«, fragte Marco verschmitzt. »wir zählen am besten meine Barsche.«

So folgten wir ihm zu seinem Auto. Der Köderfischeimer, durch eine Pumpe mit Sauerstoff versorgt, war schwarz vor lauter Jungbarschen. Er warf sie der Reihe nach in den kleinen Weiher des Wirts: »1, 2, 3 ... 190, 191, 192.« Marco hörte auf zu zählen, denn es war der letzte Fisch. »200 hatten wir gesagt«, erinnerte ich. »Wir freuen uns auf eine Aalsaison mit deinen Tauwürmern«, ergänzte Dieter neckend.

Wenn Sie, lieber Leser, jetzt glauben, wir hätten die Wette gewonnen – Irrtum. Warum? Nun, Marco nahm einige Minuten später seinen Hecht aus. Und raten Sie mal, was sich im Magen befand? 11 Jungbarsche, »indirekte, natürlich einkalkulierte Fänge«, wie unser Wettpartner grinsend betonte. Niemand konnte ihm das Gegenteil beweisen.

Angel-Schach

Am Wasser überlasse ich nichts dem Zufall. Meine Angeltage plane ich wie Züge beim Schach.

Ich weiß genau, in welcher Minute ich ans Wasser komme, welchen Köder ich anknote und auf welchem Quadratmeter mein erster Wurf landet. Meine Köderfische fürs Hechtangeln habe ich Monate im Voraus auf Eis gelegt. Meinen Platz fürs Karpfenangeln habe ich wochenlang angefüttert. Und vor dem Angeltag schaue ich bei meinem Händler vorbei und schließe Lücken in meinem Gerätepark. Zum Beispiel behebe ich den fatalen Mangel an 0,27er Schnur, statt mich mit 0,25er und 0,30er zu begnügen.

Außerdem rüste ich mein Köderbataillon mit Mehlwürmern auf, telefoniere stundenlang mit dem Wetterdienst und starre wie ein Werwolf zum Nachthimmel, um zu wissen, wie voll der Mond ist. Meine Ruten sind bis auf den letzten Knoten montiert, wenn ich am Wasser aufmarschiere. So kann ich den Köder sofort ins hungrige Fischmaul werfen. Ja, ich bin ein toller Hecht, ein Schachspieler, der mit Vorlauf weiß, wie er die Fische matt setzt. Mein Fangbuch könnte ich Tage im Voraus ausfüllen, mit exakter Fangzeit und mit einem Phantombild des Fisches, bis auf die letzte Schuppe gezeichnet nach meinen Angaben.

Bei dieser Planung können Sie nur mit den Ohren wackeln, stimmt's? Und dann ... Der Teich, wo ich angeln wollte, ist abgelassen. Mein Lieblingsplatz am Ersatzgewässer ist besetzt. Meine Mehlwürmer sind über Nacht verendet. Meine 0,27er Schnur habe ich zu Hause vergessen. Die Windprognose war falsch, die Hechte haben keinen Hunger, die Karpfen tummeln sich auf dem Futterplatz eines Kollegen.

Was bleibt mir übrig? Ich drehe Steine um, suche Würmer und knote einen Waggler an die Hechtrute, um eine Schleie zu fangen. Schließlich nimmt ein großer Karpfen die Würmer. Ich lande ihn auf der Köderfischsenke, weil der Kescher nicht greifbar ist. Planung ist das halbe Anglerglück – Improvisation das ganze!

Die Legende vom Strandbad-Hecht

Ein riesiger Hecht treibt sein Unwesen im Vereinsgewässer. Wer ihn fängt, ist der Held. Aber was, wenn im letzten Moment etwas dazwischenkommt?

Sein Steckbrief hängt aus am Ufer, sein Ruf ist legendär, er treibt sein Unwesen in jedem Vereinsgewässer. Gemeint ist der Riesenräuber, der Hecht oder Wels. Einen kompletten Jahresbesatz putzt er locker zum Frühstück weg. Und natürlich hat er schon so viele Schnüre gesprengt, dass ihn von 30 Vereinsmitgliedern 31 schon mal gedrillt haben. Ein solcher Fisch ist eine Legende, und Ruhm winkt dem, der ihn aufs Kreuz legt.

Kein Wunder, dass ich an unserem Vereinssee alles unternahm, um den legendären »Strandbad-Hecht« zu fangen, wie das Monster nach seinem Standplatz genannt wurde. So viele abgerissene Kunstköder mussten mittlerweile in seinem Maul hängen, dass er fürs Weihnachtsfest keinen zusätzlichen Schmuck benötigte. Wer ihn drillte, wurde in Wirklichkeit selbst gedrillt (so erzählten es die Kollegen). Dieser Hecht stürmte so lange davon, bis der Angler, der seine Nerven längst schon verloren hatte, auch noch den Fisch verlor.

Aber in den letzten Monaten hatte der Strandbad-Hecht keinen Kunstköder mehr angerührt, obwohl ich ihm viele serviert hatte: riesige Gummiköder, klappernde Wobbler, klatschende Jerkbaits und Spinner mit einer Löffelgröße, die über Wasser als Hubschrauber durchgegangen wären. Der Strandbad-Hecht wollte nicht mehr. Wahrscheinlich tat er das, was sich für einen Hecht seines Namens gehörte: Er sonnte sich an der Oberfläche und warf spöttische Blicke auf mein Treiben.

Die Superpfeil-Hechtpose

Aber mittlerweile war der Herbst übers Land marschiert, hatte die Felder mit Frost glasiert, und jetzt, in der besten Hechtzeit, wollte ich den Keschersack zumachen. Diesmal griff ich nicht zu Kunstködern, sondern zu toten Köderfischen. Eigentlich hatte ich mir 35-Zentimeter-Heringe besorgen wollen, aber mein Fischhändler hatte nur 10-Zentimeter-Sprotten auf Lager gehabt. Na gut, vielleicht waren die kleinen

Happen genau das Richtige für einen Hechtriesen, der mittlerweile vor großen Portionen zurückscheute.

Schon seit Tagen hatte ich den Platz mit Fischstückchen angefüttert. Die Sprotten fädelte ich mit einer Ködernadel auf, ein spezieller Zwillingshaken aus den USA ragte aus ihrem Maul. Den Köderfisch bot ich am Grund an, unter meiner »Superpfeil-Hechtpose«, die so hieß, weil sie nach oben spitz wie ein Pfeil zulief. Von dieser US-Pose war ich so begeistert, dass ich sie zuletzt bei der Generalversammlung unseres Vereins am Tisch herumgegeben hatte, zusammen mit dem speziellen Zwillingshaken.

Nun lag mein Köder genau an jener Stelle, wo der Hecht zuletzt im Sommer gehakt worden war. Ich kauerte am Ufer und wärmte meine Hände an einem warmen Becher Tee aus der Thermosflasche, während ein eisiger Herbstwind die letzten Blätter von den Birken am Ufer schüttelte. Meine Pfeilpose ragte so weit aus dem Wasser, dass ich sie ohne Mühe sehen konnte, obwohl der See immer höhere Wellen schlug.

Zwei Wochen Hechturlaub
Ich hatte 14 Tage Urlaub genommen – »Hechturlaub«, wie ich das nannte – und wollte so lange am Ball bleiben, bis ich den Strandbad-Hecht endlich gefangen hatte. Ich malte mir schon aus, wie ich dann den kompletten Angelverein am Ufer zusammentrommeln und mich als Hechtkönig feiern lassen würde. Vielleicht käme unser Gewässerwart auf die Idee, mir das Geld für jene Besatzfische gutzuschreiben, die nun nicht mehr in dem gierigen Hechtschlund verschwinden würden (also ein paar Tausender) – ich hatte mir vorgenommen, den kapitalen Fisch in ein Privatgewässer umzusiedeln. Ich meinte es gut mit ihm (und auch ein wenig mit mir, weil ich ihn dort erneut würde fangen können!).

Meine Pose bewegte sich mächtig – aber immer nur auf und ab, von den Wellen getragen. Nie fuhr sie einen Meter zur Seite, nie tauchte sie ab. Ein paar Mal hatte ich sie eingeholt, um den Köder zu kontrollieren. Einmal hatte sich eine zwickende Muschel meine ungefettete Hauptschnur einverleibt, die offenbar bis zum Grund abgesunken war; ich hatte die Muschel mit einem Ruck entfernen müssen. Immerhin fischte ich in der richtigen Tiefe für Herbsthechte, direkt am Grund.

Mittlerweile war es später Nachmittag geworden, der Wind ließ nach, und vom Himmel sank überraschend schnell die Dunkelheit herab. Also gut, ich musste einpacken, die Pose war nur noch verschwommen zu sehen. Ich schob den Kescher zusammen, griff die Rute, wollte kurbeln – aber was war das? Meine Pose wanderte einen Meter gegen den Wind, ehe sie in einem Tempo abtauchte, als hätte sie ein Hammer getroffen.

Die Schnur läuft!
Jetzt! Endlich! Die Stunde des Strandbad-Hechtes hatte geschlagen! Ich riss den Bügel der Rolle auf und gab Schnur. Eifrig zog der Fisch davon, Meter für Meter. Mit einer Hand klappte ich den Kescher wieder auf. Dann prüfte ich die Einstellung der Rollenbremse – genau richtig! –, schloss den Bügel und wartete, bis die Schnur sich gestrafft hatte. Mit dem Schwung eines Holzfällers setzte ich den Anhieb. Ein Widerstand, ein Ruck – und dann hätte ich fast einen Purzelbaum nach hinten gemacht. Die Schnur war gerissen! Eine 0,35er Monoschnur, vom Strandbad-Hecht in Sekunden zerfetzt – unglaublich!

Aber waren es wirklich nur Sekunden, die der Drill gedauert hatte? Das wäre eine Blamage für mich gewesen! Je länger ich darüber nachdachte, desto mehr hatte ich das Gefühl: Der Fisch war fünf, vielleicht sogar zehn Sekunden mit voller Kraft abzogen, hatte meine Rute bis zum Anschlag gebogen und meine Schnur bis zum Singen gespannt.

Ja, es war ein dramatischer Drill gewesen, ein langer Kampf auf Biegen und Brechen. Hatte ich nicht sogar eine Bugwelle gesehen, die das Wasser unter der Pose teilte? War der Hecht nicht sogar in voller Länge aus dem Wasser geschossen, um danach mit einem gewaltigen Klatscher zurückzufallen? Und war er nicht erst abgerissen, als er gemeinerweise in einen Baum geflüchtet war?

Die zweite Version des Drills gefiel mir besser: Der heldenhafte Kampf mit einem Riesenfisch, mit viel Könnerschaft geführt, aber knapp verloren. Genau diese Geschichte erzählte ich noch am selben Abend dem halben Angelverein am Telefon.

»Wie groß war der Standbad-Hecht denn?«, wollte Markus am Telefon wissen, unser Vereinsvorsitzender.

Bugwelle zum Surfen
»Mindestens ein Meter 25 und 30 Pfund«, antwortete ich. »Auf der Bugwelle hättest du surfen können. Und stelle dir vor, welche Kräfte ein Fisch haben muss, um eine 35er Schnur wie einen Spinnenfaden in Stücke zu zerreißen!«
　»Er hat sie in Stücke gerissen?«
»Ja, er ist mit solchem Karacho in den versunkenen Baum gestürmt, dass man ihn nicht mal mit einem Abschleppseil hätte halten können. Ich hatte keine Chance.«
　Markus tröstete mich: »Du musst gut geangelt haben, dass du ihn überhaupt gehakt hast. Das hat ja seit Monaten keiner mehr geschafft.«
Die Geschichte meines heldenhaften Drills machte im Ort die Runde, sogar beim Einkaufen wurde ich von Fremden angesprochen: »Sie hatten doch diesen riesigen Hecht dran!« Bei der nächsten Vereinsversammlung wurde ich gebeten, die Geschichte ausführlich zu erzählen – ein Wunsch, dem ich gerne nachkam, mit ausführlicher Schilderung des gewaltigen Sprungs, der gigantischen Bugwelle, des Drills auf Biegen und Brechen. Und natürlich trommelte ich mit meinem raffinierten Gerät, der Superpfeil-Pose und dem US-Zwillingshaken. Der Applaus war so laut, dass ich mich wie ein Rockstar fühlte.
　Im Frühjahr sah ich die Vereinskollegen beim Anangeln wieder. Als ich auftauchte, brachen sie in lautes Gelächter aus: »Da kommt der Großhechtjäger!« Und ein anderer rief: »Mindestens ein Meter 25 und 30 Pfund!« Der Nächste klopfte mir auf die Schulter und sagte: »Willkommen, Herr Baron!« Als ich fragte, was mir die Ehre des Titel verschaffte, präzisierte er: »Baron Münchhausen!«

Pose als Verräter
Was war bloß in die Kollegen gefahren? Offenbar hielten sie mich mittlerweile für einen Übertreiber, dabei hatten sie mich im Winter noch bejubelt. Nun muss ich zugeben, dass ich die Geschichte vom Drill etwas aufgemotzt hatte, vor mir selbst und vor den anderen. Aber wer konnte mir das Gegenteil beweisen? Wer konnte sicher sein, dass die Realität nicht noch viel dramatischer als meine Erzählung gewesen war?
Ich gab mich empört: »Wie kommt ihr dazu, mich als Übertreiber zu verspotten?!« Markus, unser Vorsitzender, öffnete seine Gerätekiste

und kramte eine Superpfeil-Hechtpose hervor. »Aha, du hast dir jetzt auch eine gekauft!«, sagte ich. Er schüttelte den Kopf. »Ich habe sie nicht gekauft, ich habe sie vor die Füße geliefert bekommen.«
»Geliefert?«
»Ja, vor einer Woche war ich hier, um meinen Schleienplatz in der Schilfbucht neben dem Strandbad anzufüttern. Es war ein warmer Frühlingstag, ich habe lange aufs Wasser geschaut. Und was sehe ich dort? Eine Superpfeil-Hechtpose, die nur ein paar Meter vom Ufer weit spazieren fuhr – natürlich deine, die wir alle aus der Versammlung kennen.«

Markus erzählte, wie er zur Spinnrute gegriffen, die Schnur gehakt und die Pose an Land geholt hatte – mitsamt dem Hecht, der immer noch am Haken hing!

»Du hast den Strandbad-Hecht gefangen!«, rief ich entgeistert.

»Ja«, sagte Markus, »ich habe ihn rausgehoben.«

»Du hast ihn mit den Händen gelandet, weil er nicht in den Kescher passte?«

»Nein, an der Rute rausgehoben – der Hecht war 48 Zentimeter lang!« Die Kollegen brachen in so lautes Gelächter aus, dass auf dem Wasser ein Entenpaar aufflatterte. Mist, ich war als Lügner überführt. Oder doch nicht, denn mir kam eine rettende Idee: »Woher willst du wissen, dass es meine Pose ist?«

»Weil du der einzige bist, der diesen Schwimmer aus den USA bei uns verwendet!«

»Aber wenn jemand anders ihn auch bestellt hat ...«

»... dann würde er sicher nicht auch noch deinen speziellen Zwillingshaken verwenden.« Er griff erneut in seine Kiste und hielt mir meinen Spezialhaken unter die Nase, den er aus dem Hechtmaul gezogen hatte.

Peinliche Wahrheit
Die Blamage war so groß, dass ich mich am liebsten wie eine Schleie beim Winterschlaf verbuddelt hätte. Es war einfach blöd gelaufen: Der winzige Hecht hatte meinen kleinen Stint vom Grund genommen und nach dem Abriss den Winter überlebt. Aber wie hatte er es im Drill geschafft, meine 0,35er Schnur zu sprengen? Da fiel mir die Muschel auf der Hauptschnur wieder ein. Offenbar hatte sie mit ihren scharfen

Kanten die Oberfläche der Schnur beschädigt. Deshalb war sie so leicht gerissen.

Eine Zeitlang wurde ich von den Kollegen noch »der Baron« genannt. Aber als ich dazu überging, sie an ihre eigenen Geschichten von Drills des Strandbad-Hechtes zu erinnern, schalteten sie auf kleinlaut um. Mittlerweile habe ich den Verdacht, dass der Strandbad-Hecht nur an einem Standplatz vorkommt: in der Fantasie der Angler.

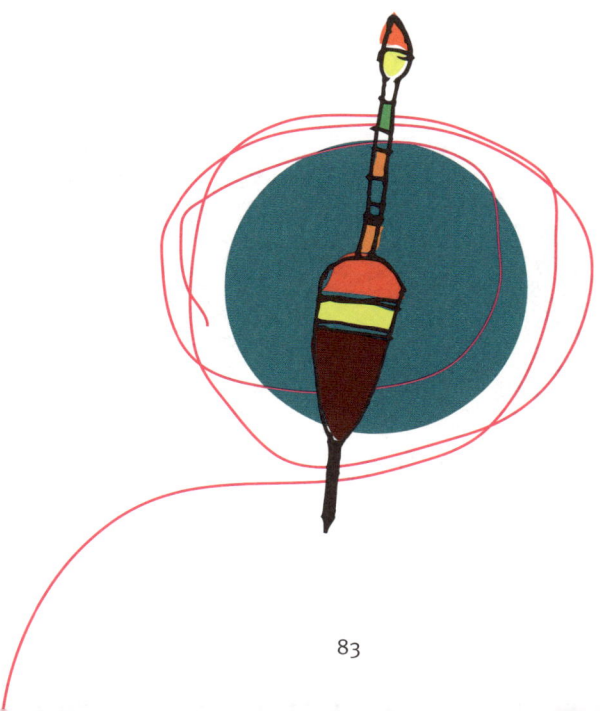

Die Angel-Diät

Wenn ich Ihnen nun erzähle, dass ich als Jugendlicher beim Angeln fast verhungert wäre, ist das nur fast gelogen. Wahr ist: Oft verbrachte ich 18 Stunden am Wasser, ohne den kleinsten Bissen zu essen. Dabei war ich eigentlich ein Esser der Extraklasse.

Nun dürfen Sie raten, warum ich beim Angeln auf Diät gegangen bin. Habe ich meine Brötchen an die Karpfen verfüttert? Wollte ich die Fische durch meinen Hungerstreik zum Biss überreden? Oder war es mir wichtiger, zu Hause für die Fische einen guten Teig als für mich eine Brotzeit vorzubereiten?

Die Erklärung ist noch einfacher: Denkt ein Mittelstürmer an Vanilleeis, wenn ihm der Ball vor die Füße springt? Knabbert ein Rennfahrer an der Möhre, während er zum Überholmanöver ansetzt? Und hat ein Liebhaber beim Akt nicht Besseres als die nächsten Bratkartoffeln im Sinn? Eben! Mein Lebensmittel war das Angeln, es hat mich den ganzen Tag erfüllt, da blieb für schwächere Empfindungen wie Hunger kein Platz. Ich nahm erst gar nichts zum Essen mit. Frühestens auf dem Heimweg habe ich das Loch in meinem Magen gespürt.

Vielleicht musste ich so handeln; vielleicht hat uns die Evolution ein Programm eingebaut, das in etwa lautet: Erst kommt die Nahrungsbeschaffung (inklusive Vorräten!), dann die Ernährung. Denn bedenken Sie, was passiert wäre, wenn der hungrige Angler in der Vorzeit sein erstes Fischlein auf der Stelle zubereitet und verschlungen hätte? Dann hätte er womöglich die Gunst der Stunde verpasst, der Schwarm wäre abgewandert und die Familie in der Höhle verhungert. Also musste ihm das Angeln so viel Lust bereiten, dass er darüber den Hunger vergaß. Heute weiß ich natürlich, wie ungesund es ist, einen ganzen Tag nichts zu essen. Deshalb habe ich immer Obst und belegte Brote beim Angeln im Gepäck. So auch neulich, als ich auf Barsche ging. Es hat gebissen wie verrückt. Den ganzen Tag war ich am Drillen. Als ich abends den Motor anließ, fiel mir ein merkwürdiges Geräusch auf, ein tiefes Brummen. Ich wollte schon den ADAC rufen. Da merkte ich: Es war mein knurrender Magen. Übers Fangen hatte ich mein Vesper vergessen. Wie so oft!

Das Hecht-Wunder

Neulich stand ich am Wasser, hatte meine Hechtpose ausgelegt und kramte nach einem Kleinteil in meiner Kiste. Mein Blick wanderte durch ein Chaos aus Wirbeln, Bleischroten, Stopperperlen und Drillingen, als ich plötzlich wusste: Meine Pose war gerade abgetaucht! Ich blickte auf – tatsächlich: Die Pose war weg, die Schnur wirbelte von der offenen Rolle.

Wohlgemerkt: Ich hatte keine Chance, den Biss zu sehen. Und ich habe nicht nur geahnt, dass die Pose verschwunden ist – ich habe es gewusst! Nach fünf Stunden am Wasser, bis dahin ohne jeden Zupfer.

Bevor ich meinen Blick zur Gerätekiste senkte, hatte ich nichts Verdächtiges bemerkt: Da spritzte kein Kleinfisch aus dem Wasser, die Pose stand still. Es gab kein, aber wirklich gar kein Anzeichen, dass ich gleich einen Biss bekommen würde. Nun frage ich Sie: Woher habe ich von diesem Biss gewusst? Mein Kollege Karl, ein geborener Optimist, behauptet seit Jahren: »Eine Hechtpose geht doch nicht tonlos unter. Sie macht ‚Plopp' – manchmal so laut, dass ich es mit dem Rücken zum Wasser höre!«

Ist das die Erklärung? Ist meine Hechtpose losgeschossen wie ein Sektkorken, nur nach unten? Und hat mir das Geräusch bei ihrem rasanten Eintauchen den Hechtbiss verraten, ohne dass es mir in diesem Moment bewusst war? Oder geht es Hechtanglern und Hechten so wie alten Ehemännern und -frauen? Werden sich die Paare mit den Jahren immer ähnlicher? Denke ich schon wie ein Hecht? Weiß ich deshalb auf die Sekunde genau (und ohne hinzuschauen), wann ihn der Hunger treibt, wann er sich dem Köder nähert und wann er zuschnappt?

Wenn ja: Wachsen mir bald Zähne auf der Zunge? Sprießt aus meinem Rücken eine Flosse? Und – um auch das Positive zu sehen – stelle ich meine Ernährung endlich auf gesunden Frischfisch um? Ein Biss – und viele Fragen!

Der Wahnsinns-Aal

Ein tapferer Held, ein großes Problem, ein riesiger Aal – mehr braucht es nicht für ein hollywoodreifes Angelerlebnis. Oder doch: Polizisten mit gezogener Waffe.

Eine lange Aalnacht lag hinter mir, draußen graute schon der Morgen, als ich von meiner Liebsten aus dem Schlaf gerissen wurde: »Komm mit ans Fenster, schnell!« – »Lass mich in Frieden«, brummte ich und drehte mich aufs andere Ohr. »Also gut, dann verpasst du den Polizeieinsatz«, wisperte sie. Polizeieinsatz? Mit einem Schlag war ich hellwach. Ich sprang aus dem Bett und folgte ihr ans Schlafzimmer-Fenster.

Im milchigen Licht sah ich zwei Polizistinnen, mit gezückten Waffen standen sie auf dem Nachbargrundstück. Gebannt starrten sie auf den Rasen vor ihren Füßen. Dann peitschte ein Schuss durch die Stille. Meine Nachbarin, eine ältere Dame, schlug die Hände vors Gesicht.

Ich hatte keine Ahnung, welches Drama sich abgespielt hatte. Aber da unsere Nachbarschaft überaus mitteilsam war, wettete ich mit meiner Frau: »Noch vor dem Mittagessen werden wir wissen, was da los war.« – »Mittagessen ist ein gutes Stichwort«, sagte sie: »Hast du gestern Aale mitgebracht? Ich hab ja schon wie ein Stein geschlafen, als du nach Hause gekommen bist.« Ein Schmunzeln lief über mein Gesicht. »Du hast was gefangen!«, erriet sie. Ich nickte: »Einen Riesenaal – mindestens drei Pfund!« Sie stieß einen Pfiff aus: »Dann gibt es heute Abend Aal!«

Held aus Hollywood

»Willst du gar nicht wissen, wie ich den Aal gefangen habe?«, hakte ich nach. »Oh doch«, log sie, ohne eine Miene zu verziehen (ich ahnte, dass ich sie mit meinen langen Fangberichten nervte, konnte sie aber nicht für mich behalten!). Meine Angelgeschichten waren immer nach dem Muster eines Hollywood-Films aufgebaut: Erst stehe ich, der Held, vor einem Problemberg, unbezwingbar hoch. Aber dann habe ich eine geniale Idee …

»Wann bin ich gestern zum Angeln losgefahren?«, fragte ich. – »Eine halbe Stunde vor Dunkelheit.« – »Und jetzt stell dir vor, was ich am Wasser merke: Ich habe meine Tauwürmer zu Hause vergessen. Da stehe ich also, es ist so gut wie dunkel, und an meinen Ruten baumeln nur unbeköderte Haken. Ich dachte schon: Die Angelnacht ist gelaufen, du kannst wieder nach Hause fahren.«

Meine Frau hatte schon begonnen, den Frühstückstisch zu decken, doch diesmal schien meine Geschichte einen Hauch von Interesse in ihr zu wecken: »Und was hast du dann getan?« Ich ließ eine Spannungspause entstehen, lang genug, um ein Frühstücksei zu kochen. Dann fuhr ich fort: »Erst habe ich gedacht: Ich fange noch rasch Köderfische. Aber ich hatte auch keine Maden dabei. Und es war schon zu dunkel.«

Damit war der Problemberg wunderbar beschrieben: Ich saß aussichtslos am Wasser – ohne Köder, ohne Chance. Der Himmel schleuderte die Dunkelheit auf mich herab. Und tausend andere Angler wären an meiner Stelle schnurstracks nach Hause gefahren. Ich aber, der große Held, kämpfe für eine Lösung.

Geheimnisvolles Schweigen

Meine Frau kniff die Augen zusammen: »Was hast du dann getan, so ganz ohne Köder?« Ich schwieg geheimnisvoll, um ihre Neugier auf die Spitze zu treiben. »Du hast den Aal mit der Hand gefangen, weil er zufällig übers nasse Ufer kroch!«, sagte sie ins Blaue. »Guter Gedanke«, entgegnete ich. »Denn wenn die Wiesen nass vom Regen sind, so wie gestern, kann sich ein Aal Hunderte Meter durchs taunasse Gras schlängeln. Aber nein, ich habe den Fisch regulär gefangen: mit Rute, mit Haken, mit Köder.«

»Mit welchem Köder?«, fragte sie, und ihre Stimme klang schon ein wenig gereizt. Sie schätzte es nicht besonders, wenn ich sie in meine Spannungsbögen spannte. »Rate doch mal!«, spornte ich sie an – und hoffte, dass sie nicht zufällig auf die richtige Antwort kommen würde. »Du hast am Ufer schnell ein paar Steine umgedreht und Würmer gefunden«, riet sie. »Guter Tipp«, trompetete ich wie ein Showmaster beim Fernsehquiz. »Aber leider ist die Erde um unseren See völlig trocken. Keine Würmer, keine Steine, keine Chance.«

Wer ein echter Held sein wollte – und das wollte ich! –, durfte sein Problem nicht auf profane Weise gelöst haben. Nein, es brauchte einen Geistesblitz, der hell genug war, eine Nacht zum Leuchten zu bringen – und im günstigsten Fall auch die Augen einer vom Angeln

nicht immer begeisterten Frau.
»Rate noch mal!«, feuerte ich sie an. Sie saß jetzt am Frühstückstisch und legte ihr Kinn in beide Handteller. Ich hörte förmlich, wie es in ihrem Kopf arbeitete (oder war das doch nur die Kaffeemaschine im Hintergrund?). Dann sagte sie: »Du hast doch Köderfische gefangen – aber mit der Senke!« Wieder spielte ich den Moderator im Quiz: »Vorzüglicher Gedanke – aber hast du mal in unserer Garage an der Decke geschaut, was dort hängt? Meine Senke!«
Meine Frau wurde ungeduldig: »Jetzt sag es endlich: Worauf hast du ihn gefangen?« Nun war sie dort, wo ich sie haben wollte: in größter Neugier. Obwohl ich ihr sicher schon ein paar Angelgeschichten zu viel erzählt hatte, gelang es mir doch immer wieder, sie als Zuhörerin in den Bann zu ziehen (fand zumindest ich).

Die Kandidatin hat hundert Punkte!
»Also gut«, sagte ich gnädig, »dann werde ich dir jetzt sagen, worauf ich den Aal gefangen habe. Erinnerst du dich, dass ich mir gestern noch ein Vesper für die Nacht gemacht habe?« – »Du hast aus dem Brot einen Teig gemacht«, fiel sie mir ins Wort. – »Keine schlechte Idee, aber Brotteig ist ein Weißfischköder. Und du hast sicher schon gehört, dass der Aal ein Raubfisch ist ...« – »Und du bist ein Knallkopf, wenn du mir nicht gleich sagst, worauf du ihn gefangen hast.«
»Ich habe mir ein Brot gemacht, und erinnerst du dich noch an den Belag?« – »Frühstücksfleisch!«, rief sie, »du hast den Aal mit Frühstücksfleisch gefangen!« Ich klatschte mehrfach in die Hände: »Die Kandidatin hat hundert Punkte!« Ich breitete die Arme aus, als müsste sie mir wie ein Groupie um den Hals fallen (was sie leider nicht tat!). »Frühstücksfleisch ist als Köder vor allem in England beliebt«, erklärte ich ihr. »Auf Döbel, aber auch auf Aal. Das fiel mir ein, während ich ohne Köder auf dem See saß. Also habe ich aus dem Frühstücksfleisch kleine Würfel geschnitten, sie mit der Ködernadel auf den Haken gezogen – und dann, kurz vor Mitternacht, einen Mordsbiss bekommen.«
Natürlich ließ ich es mir nicht nehmen, den nächtlichen Drill so zu beschreiben, dass der Mond als einziger Augenzeuge rot geworden wäre. Ein rasanter Biss, ein großer Kampf, eine dramatische Landung. »Kaum war der Aal am Ufer, war der Haken auch schon los: Er schlän-

gelt sich aufs Ufer zu, ich springe ihm in den Weg und dann ...« Meine Frau gähnte: »Und dann hast du ihn bezwungen, diesen Monsterfisch. Du bist mein Held!« Sie küsste mich auf die Stirn – und ich wurde den Verdacht nicht los, dass sie mich dabei angrinste wie eine Mutter ihren fantasievollen Sohn von fünf Jahren, dessen Übertreibungen sie längst durchschaut hatte.

Überraschung im Kessel
»Jetzt musst du dir den Aal aber anschauen«, rief ich. »Er steht noch vor der Haustür im Garten. Ich habe ihn mit etwas Wasser im Köderfischkessel gelassen.« Meine Frau folgte mir vor die Tür und murmelte schon etwas von einem neuen Aalrezept, das sie heute Abend ausprobieren wollte. Nebenan fuhr gerade das Polizeiauto ab, und unsere Nachbarin wischte sich mit der Kochschürze die Tränen aus dem Gesicht. Fragend blinzelten wir hinüber.

»Schau ihn dir an!« Mit diesen Worten hob ich den Deckel meines Köderfischeimers – und ließ meiner Frau den Vortritt. Sie beugte sich nach unten. »Wen soll ich anschauen?« – »Den Aal!« – »Welchen Aal?« – »Na den Aal im Eimer.« – »Da ist kein Aal«, sagte sie knapp. »Was!«, rief ich und griff nach dem Eimer. Tatsächlich, er war leer! Und im regennassen Gras sah ich eine Kriechspur, die sich über unser Grundstück zog – genau auf den Rasen der Nachbarin zu.

Ich schüttelte den Kopf, und wir gingen zurück zum Frühstückstisch. Meine Frau schaltete das Radio an, und »Chaos-Kai«, der Moderator unseres Lokalsenders, rief fröhlich: »Heute Morgen hat unsere Polizei ihre Schusswaffen benutzt. Der Einsatz verlief tödlich.« Ich sah meine Frau an – beide ahnten wir, dass hier das Ereignis auf unserem Nachbargrundstück gemeint sein konnte. Chaos-Kai fuhr fort: »Eine Rentnerin hatte Alarm geschlagen: Ein wildes, gefährliches Tier befände sich auf ihrem Grundstück. Zwei Polizistinnen eilten im Morgengrauen herbei. Und was fanden sie auf dem Rasen? Eine große ‚Giftschlange'! Als das Tier sich einer der Beamtinnen näherte, feuerte sie ihre Waffe ab. Die Schlange regte sich danach nicht mehr. Aber aus der Nähe sahen die Polizistinnen: Es war ein Aal! Sicher wird er jetzt im Polizeirevier geräuchert – wir wünschen guten Appetit!«

Meine Frau brach in einen Lachkrampf aus. Abends gab es Fischstäbchen. Und unsere Nachbarin hat die Wahrheit nie erfahren.

Wer pfeift Angeltage ab?

Fußballer haben es gut: Der Schiedsrichter pfeift ihr Spiel ab. Dann ruht der Ball, und die Spieler gehen zum Duschen. Aber wer pfeift einen Angeltag ab? Vielleicht können Sie das; ich kann das nicht.

Meist läuft es so: Der Tag ist weit fortgeschritten, und ich sage zu mir: »Feierabend!« Doch ehe der endgültige Schlusspfiff erfolgt, räume ich mir eine kleine Nachspielzeit ein: »Noch ein Wurf mit der Spinnrute!« Und so feure ich meinen Wobbler hinaus, in der Hoffnung, gleich einen Riesenhecht zu haken. Doch warum sollte er, der den ganzen Tag nicht gebissen hat, ausgerechnet jetzt zupacken? Nichts tut sich.

Aber war dieser Wurf überhaupt ein Wurf? Wenn ich es genau überlege, habe ich den Köder einen halben Meter zu weit nach links geworfen. Der letzte Wurf muss wiederholt werden, wie ein Freistoß, wenn der Ball noch nicht freigegeben war. Diesmal treffe ich den Platz meiner Wünsche. Gleich rumst es, denke ich mir. Doch nichts geschieht, der Köder kommt unbehelligt ans Ufer zurück.

Kein Wunder, denke ich mir, der naturfarbene Wobbler bringt abends nichts mehr. Womit ich die bisherigen letzten Würfe für ungültig erkläre. Nun kommt ein quietsche-gelber Wobbler zum Einsatz. Letzter Wurf, schwöre ich mir. Beim Einholen tut sich nichts. Bis auf einen kurzen Bodenkontakt. Boden? »Vielleicht war's ein Hecht.« Also den letzten Wurf erneut wiederholen, erst mit dem gelben Wobbler, dann mit einem roten, dann mit einem barschähnlichen. Und weil alles nichts bringt – und der Riesenhecht ja immer noch lauert! – setze ich zu einer neuen Serie letzter Würfe mit meinen Gummifischen an, Spinnerbaits und schließlich mit einem toten Köderfisch am System.

Mittlerweile senkt sich die Nacht aufs Wasser. Wenn es ohnehin schon so dunkel ist, denke ich mir, kann ein letzter Wurf auf Zander mit meinem Lieblingsgummi nicht schaden. Und schon saust er durch die Luft, wieder und wieder, und fischt den Platz fächerförmig, aber ohne Fangerfolg ab. Der Mond schaut mitleidig auf mich herab. Kurz vor Mitternacht komme ich nach Hause. Meine Liebste liegt schon im Bett. »Was hast du denn so lange am Wasser getrieben«, fragt sie. »Ein paar letzte Würfe«, murmle ich. Der Tag ist abgepfiffen, und zufrieden schlafe ich ein.

Warum Angelpäpste nie zurücktreten

Ich kenne viele Päpste in der Angelszene, einen Hechtpapst, einen Karpfenpapst, einen Forellenpapst. Es gibt den Boilie-Papst, dessen Köderwunder gefeiert werden, den Wobbler-Papst, der lahmen Holzstücken das Laufen lehrt, und den Kutter-Papst, dessen Pilker-Fahrt zu den Dorschen führt. Wahrscheinlich gibt es sogar einen Laubenpapst, der sich mir nur deshalb nicht offenbart, weil ich seine Lieblingsfische zu oft auf Zander anbiete.

Angelpäpste sind unfehlbar! Sie haben niemals eine Schnurperücke, brechen keine Ruten ab, fallen nicht ins Wasser. Und wenn in meiner Madendose nur noch Fliegen summen, können sie noch auf lebendigste Krabbelköder zurückgreifen. Das Wort »Fehlbiss« kommt in ihrer Sprache ebenso wenig wie »Schneidertag« vor. Wo sie ihren Köder ins Wasser werfen, ist ein Fangplatz, natürlich für Kapitale.

Jeder Papst hat eine Gemeinde aus Gläubigen. Die Bibel, in der er seine Lehre verkündet, sind Angelzeitschriften wie der BLINKER. Dort predigt er seine Rezepte mit einem Dogmatismus, der keinen Millimeter Abweichen erlaubt, nicht mal bei der Länge des Haarvorfachs. Meist empfehlen die Päpste Geräte und Köder, die sie selbst vertreiben, und die Gewinne aus diesen Verkäufen dürfen als Kirchensteuer gelten.

Angelpäpste treten auf die große Bühne der Angelmessen, sie treten mit Tusch ans Wasser, aber sie treten niemals zurück. Dass der Hechtpapst erklärt, »Ich kann nicht mehr (angeln)!« – undenkbar. Dass der Karpfenpapst erklärt, »Ich bin zu schwach (für den Drill)!« – absurd. Dass der Boilie-Papst die Glaubenserklärung an sein Flavour zurückruft, der Kutter-Papst seine Pilker-Gemeinde aufgibt und der Laubenpapst mir seine Schäflein beziehungsweise Fischlein als Zanderköder überlässt – ausgeschlossen. Ein Angelpapst bleibt im Amt, solange er fängt, und er fängt (nach eigenen Angaben), solange er lebt.

Dass Angelpäpste nicht zurücktreten, hat auch einen praktischen Grund: Sie sehen weit und breit keinen würdigen Nachfolger. So denkt der Hechtpapst. Und so denken 500.000 weitere Hechtpäpste!

Die zehn lustigsten Arten, einen Fisch zu verlieren

Wenn ein Fisch verloren geht, fließen Tränen – manchmal vor Lachen, weil der Drill komisch endet. Hier lesen Sie die zehn lustigsten Arten, einen Fisch nicht zu fangen.

Was ist lustig daran, einen Fisch zu verlieren? Nichts, wenn es gerade passiert ist. Aber vieles, wenn man auf den Unfall mit einem zeitlichen Abstand zurückschaut, der die Wunde hat heilen lassen – also nach 20, 50 oder besser 100 Jahren!

Was könnte im Rückblick komischer sein, als wenn die Landung zur Bauchlandung gerät? Als wenn der Fisch uns eine Lektion erteilt? Als wenn Verstand und High Tech von Instinkt und Flossenantrieb besiegt werden, vom Zufall ausgetrickst oder durch die Tollpatschigkeit des Anglers unterlaufen?

Ein Fisch, der vom Haken abkommt, bleibt im Kopf ewig hängen – und bietet Stoff für unterhaltsame Anglergespräche, (fast) frei von Latein! Zehn Beispiele:

Lustiger Löffel
Die erste Möglichkeit, einen Fisch zu verlieren, bietet sich beim Biss. Und Alfred, mein Begleiter bei einer Kanadareise, hat sie weidlich genutzt: Immer wieder bog sich seine Rute beim Schleppfischen, hatten Saiblinge seinen Löffelblinker attackiert. Das merkwürdige war: Keiner der Fische blieb hängen. Ich dagegen fing Namaycush auf Namaycush.

Alfred wurde nervös und probierte alles: Er schlug hart und leicht an, zur Seite und nach oben. Doch seine Fangquote blieb bei null. Nach dem zehnten Fehlbiss kurbelte er ein. Als er seinen Köder sah, brüllte er so laut, dass es bis nach Alaska zu hören war: »Nein!« Er hatte den Drilling am Löffel vergessen. Und ohne Haken fängt man nichts. Nicht mal in Kanada!

Posen-Chaos
Stundenlang hatte ich auf meine beiden roten Wagglerspitzen am Rand der Seerosen gestarrt und vergeblich auf einen Schleienbiss gewartet. Als endlich die erste Pose abzog, flott zu den Seerosen,

setzte ich einen Mörderanhieb. Ein Geschoss von Pose raste auf mein Gesicht zu. Doch es war nicht die Pose mit dem Biss – sondern ihr Gegenstück! Ich hatte mit der falschen Rute angeschlagen.
Mein Augenlicht rettete ich durch Wegducken. Die Schleie ging in den Seerosen verloren. Seither weiß ich: Wer an der falschen Rute zieht, zieht den Kürzeren!

Durchgebrannt
Harald drillte einen großen Karpfen am Vereinssee. Seine Schnur sang im Wind. Die Vereinsabzeichen an seinem Hut klirrten. Er zitterte. Zwischen seinen Lippen steckte eine Zigarette. Er zog daran wie ein Kleinkind am Schnuller, als könnte sie ihn beruhigen.
 Der Karpfen raste in die Seemitte, die Bremse kreischte. Mit der rechten Hand hielt Harald die Rute, mit der linken griff er seine Zigarette, um die Asche loszuwerden. Achtlos fuhr seine zitternde Hand nach unten. Sein Blick folgte der gespannten Schnur. Da erschlaffte der Widerstand. Harald wäre fast auf den Rücken gepurzelt. Der Karpfen war weg.
 Zeugen machten Harald klar, was er bis heute bestreitet: Dieser Karpfen war nicht als Erster durchgebrannt – vor ihm war es die Schnur. Merke: »Rauchen gefährdet Ihren Drillerfolg!«

Der Hammerwerfer
Klaus, ein unerfahrener Kollege, begleitete mich zum Spinnfischen. Beide warfen wir unsere Wobbler in Richtung eines Barschbergs. Auf einmal war meine Rute krumm. Ein starker Hecht zog ab. In derselben Sekunde rief Klaus: »Bei mir auch!« Seine Rute krümmte sich ebenfalls und er begann, eine Serie von Anhieben mit so viel Schwung zu setzen, dass er jeden Hammerwerfer in den Schatten stellte.
 Mir kam es vor, als würde ich jeden dieser Schläge körperlich spüren. So war es auch! Klaus hatte meine Schnur mit dem Hecht gehakt! Ehe es mir gelang, den Hammerwerfer zur Vernunft zu bringen, hatte er mir den Hecht vom Köder geruckt. Bis heute ist er sicher: Jeder von uns hatte einen anderen Fisch dran – und zufällig kamen sie in derselben Sekunde ab...

Gelochter Aal
Der große Raubaal wand sich wie eine Riesenschlange vorm Boot, mein Kescher näherte sich, und dann war er drinnen! Endlich mal wieder ein Aal von über 3 Pfund! Freudig wollte ich ihn aus dem Wasser heben. Doch der Kescher im Licht meiner Stirnlampe war – leer!
    Und an meiner Rute zerrte es wieder. Der Fisch hatte sich durch ein kleines Loch im Keschersack gewunden. Jetzt musste ich ihn durch das Netz hindurch drillen, eine Hand am Kescherstiel, die andere an der Rute. Doch der Aal hatte sich mittlerweile unterm Boot festgesetzt. Und ich blieb sitzen auf einem kleinen Loch – und einem großen Fischverlust.

Hecht in Sicht
Es geschah zu der Zeit, als Setzkescher noch üblich waren. Albert, mein alter Vereinskollege, hatte einen stattlichen Hecht beim Bootsangeln gefangen und hälterte ihn in seinem Drahtkescher, während sein Boot driftete. Ich angelte 20 Meter entfernt. Auf einmal rief Albert aufgeregt: »Hier schwimmt ein Hecht am Boot vorbei!« Mehrfach führte er seinen Spinner am Maul des Hechtes entlang. Doch der Fisch reagierte nicht, wirkte träge und tauchte schließlich ab.
    »Macht nichts, ich hab ja schon einen«, tröstete sich Albert. Doch er irrte: Der Deckel seines Setzkeschers stand offen. Kein Wunder, dass der Hecht benommen gewirkt hatte ...

Entglittener Traum
»Zeigen Sie den Fisch einmal her!«, rief vom Ufer ein Spaziergänger, nachdem Dieter die Zwei-Pfund-Forelle beim Watfischen in seinen Kescher hatte gleiten lassen. Stolz fummelte er im Netz herum und hob die prächtige Forelle, die er sich schon als Abendessen ausmalte, aus dem Kescher. Man sah die roten Punkte in der Abendsonne leuchten.
    Genau in diesem Augenblick bog der Fisch sich durch, schnellte ihm aus der Hand und klatschte zurück ins sprudelnde Wasser. Der Haken der Trockenfliege hing noch im Netz. Das Abendessen schwamm davon. Und einer nahm seine Beine in die Hand: der Passant am Ufer.

Köderfisch-Klau

Ich stippte von der Staumauer einer Talsperre auf Köderfische, um nachts auf Quappe zu gehen. Es war Dezember, nichts rührte sich. Erst nach drei Stunden fing ich ein winziges Rotauge. Juhu! Aus diesem Fisch würde ich Fetzen für die ganze Nacht schneiden können. Zufrieden legte ich das Rotauge auf der Mauer hinter mir in den Schnee.

Ich stippte weiter, ohne Erfolg. Da hörte ich ein Flattern in meinem Rücken. Eine Möwe landete auf der Mauer. Sekunden später flog mein Köderfisch davon. Seit diesem Tag rangiert die Möwe in der Liste meiner Lieblingsvögel nur noch einen Rang vor dem Kormoran!

Sprung mit Stein

Axel starrte gebannt aufs Wasser: Sein Hecht machte kurz vorm Ufer einen großen Sprung, um den Wobbler abzuschütteln. Wie eine Sichel hing er in der Luft, streckte sich und sauste nach unten – aber nicht ins Wasser, sondern auf einen Stein, der aus dem Wasser ragte. Die Landung war so hart, dass es den Köder aus dem Maul des Räubers schlug.

Der Hecht verharrte einen Moment neben dem Stein, der Ohnmacht nahe – und schwamm dann gemütlich davon. Die Tauchschaufel des Wobblers war abgebrochen. Und Axel machte ein Gesicht, das aussah wie der Unfallort: aus Stein.

Hecht beißt Hand

Ein Internet-Video bei YouTube: Ein Fliegenfischer drillt eine Forelle bis vor seine Füße an die Steinschüttung. Dann greift er ins Wasser, um sie zu landen. Da klatscht es, als hätten seine Hände eine Explosion verursacht. Das Wasser wirbelt, der Angler schreit, reißt seine Hand aus dem Wasser. Sein Gesicht ist schmerzverzerrt. Von der Hand tropft Blut.

Offenbar war ein Hecht der gehakten Forelle gefolgt und hatte versehentlich die Hand des Anglers erwischt. Kleiner Trost: Das unfreiwillige Ablenkmanöver war gelungen – der Hecht entkam zwar, aber die Forelle hing noch am Haken!

Zauberbesen mit Ringen

Die Augen des Kollegen funkeln wie ein Perlmutt-Spinner in der Mittagssonne, während er von seinem neuen Bissanzeiger schwärmt: »Der allerletzte Schrei aus England! Schlägt Alarm, sobald der Fisch den Köder berührt. Mit Sprechautomat, der »Biss« sagt – in vier Sprachen!«

Meine skeptischen Blicke hindern ihn nicht am Weiterschwärmen: »Mal gespannt, was die noch so fürs Angeln erfinden! Da wird doch getüftelt rund um den Globus. Alles nur, damit wir besser fangen.«

Hat ja Recht, der Kollege! Jedes Jahr wird das Gerät technischer, das Angeln bequemer. Fast wie in der Formel 1, wo manche sagen, es komme mehr auf den Wagen als auf den Piloten an. Und viele Angler sind offen für jede neue Erfindung wie das Hechtmaul für den Wobbler.

Neulich wollte mich mein Händler von einem Rutenhalter mit Vollautomatik für den Anhieb überzeugen. »Ich warte den nächsten Schritt ab«, sagte ich, »eine Rute, die ohne Angler angelt. Natürlich mit Herstellergarantie gegen Fehlbisse und für Hitparaden-Fänge!« Hektisch blätterte er im Geiste wohl im Katalog, ob es so was nicht doch schon gab.

Stellen Sie sich diesen Drill vor: Die Rute, ein beringter Zauberbesen, wirbelt vollautomatisch für den Anhieb durch die Luft. Der Haken fasst garantiegemäß im Hechtmaul, der Fisch dreht einen verzweifelten Salto. Doch die Zauberrolle, zweites Herzstück der Kombiausrüstung, drillt ihn wie eine elektronische Seilwinde aus. Dann öffnet sich der satellitengesteuerte Kescher, ein Roboter schiebt ihn unter den Hecht, legt das Maßband an. Und abschließend darf ich, immerhin der Angler, per Fernsteuerung entscheiden: mitnehmen oder zurücksetzen? Natürlich ist es nicht mehr nötig, dass ich mich ans Wasser bequeme. Alles funktioniert nach dem Prinzip des Babyphones: Man ist zwar nicht da, kriegt aber doch alles mit. Kostet eine Stange Geld. Aber spart Sprit, Angelkleidung und Nerven noch dazu.

Die Erfindungen der nächsten Jahre: Auch ich bin gespannt auf sie. Doch wie ein schlauer Zander nicht jeden Gummifisch nimmt, werde ich nicht jedes neue Gerät schlucken. Immer noch fängt der Angler den Fisch – und nicht nur das Gerät!

Die Blinker-Sünde

Neulich habe ich eine schwere Angelsünde begangen. Bevor Sie mich verurteilen, sollten Sie allerdings die Umstände der Tat kennen.

Ich hatte den ganzen Tag in meinem neuen Urlaubssee geblinkert. Als die Sonne sank, war ich mir sicher: Das Gewässer musste fischleer wie ein Swimmingpool sein! Dennoch warf ich immer wieder aus und kurbelte ein. Wie mechanisch. Da huschte ein länglicher Schatten durchs Uferwasser. War das nicht ein Hechtlein? Der Fisch stellte sich an einer Krautfahne zu meiner Linken ein. Ich kniff die Augen zusammen. Oder doch nur eine Halluzination? Um Gewissheit zu bekommen, war ich gezwungen, den nicht gerade gigantischen Fisch anzuwerfen! Er stürzte sich auf das blinkende Blech, entkam und schwamm zurück an seinen Standplatz.

Der Ruck war kräftig. So kräftig, dass er keinesfalls von einer Halluzination stammen konnte, aber theoretisch von einem maßigen Hecht! Ob der Kleine gar nicht so klein war? Je länger ich das Hechtlein fixierte, desto länger schien es mir. Und war es nicht meine Pflicht als Weidmann, das Maß auf die einzig zuverlässige Weise, also durch Fang des Fisches, zu ermitteln?

So tauchte der Blinker erneut vor dem Maul des Hechtleins ein. Beim ersten Ruck griff es an – und hing! Ich schnappte den Kescher. Doch die Maschenweite war viel zu groß für diesen Strich in der Unterwasserlandschaft. Ich hob das Fischlein aus dem Wasser, löste den Drilling und tat verschämt mit dem Maßband meine Pflicht: 44 Zentimeter! Dann setzte ich den aalschlanken Hecht zurück. Einen Moment blieb er auf der Stelle stehen, als wollte er gegen mein Verhalten protestieren. Doch ein zärtlicher Stoß meines Zeigefingers brachte ihn in Bewegung.

Fahrlässiger Fang eines untermaßigen Fisches – ich bekenne mich schuldig! Nun liegt es an Ihnen, ob Sie Angelfieber vor Recht ergehen lassen. Wer ohne Sünde ist, werfe das erste Blei! (Und wer mit Sünde ist, werfe mir einen Blick mit Augenzwinkern zu ...)

Der Angel-Opi

Früher war der See noch so voll mit Fischen, dass man ihn trockenen Fußes hätte überqueren können – behauptet der Angel-Opi. Aber eines Tages bekommt er unerwarteten Besuch am Wasser.

»Angel-Opi«, so nennen ihn alle. Er ist mindestens 85 Jahre alt, seine Falten sind so tief, dass bei Starkregen ganze Bachläufe durch sie rinnen. Sein schlohweißes Haar leuchtet heller als jeder Schwan. Und sein Gerät sieht aus, als stammte es noch aus derselben Zeit wie er selbst. Also aus den Anfängen des letzten Jahrhunderts. Dasselbe gilt für seinen langen Angelparka, bei dem nicht klar ist, ob er immer schon grau-grün war oder es durch die Jahre und durch den Schmutz erst geworden ist.

Unser Angel-Opi verwendet eine Friedfisch-Pose, deren Tragkraft es mit einer mittleren Boje aufnimmt. Wenn sie beim Wurf ins Wasser schlägt, denke ich jedes Mal: »Da rollte sich gerade ein Karpfen!« Und wenn die Pose untergeht – was meines Wissens noch nie geschah –, müsste der Biss eigentlich zu einer Überschwemmung am Ufer führen, wegen der Wasserverdrängung.

Und immer, wenn der Opi in meiner Nähe angelt, winkt er mich mit einer ausholenden Handbewegung heran: »Junger Mann, komm mal rüber!« Ein »junger Mann« war ich für ihn schon mit 18 Jahren – und bin es natürlich noch mit 45. Und wenn ich dann beim Angel-Opi stehe, zündet er sich eine Zigarre an, die fast so dick wie die Spitze seiner Pose ist (aber nur fast!). Er nimmt einen tiefen Zug und beginnt so laut zu husten, als hätte er in seiner Lunge einen Böller gezündet.

Verlorenes Paradies

Und wenn er fertig mit dem Husten ist, fängt er an mit dem Erzählen. Unser Gespräch läuft immer nach diesem Muster ab:

»Junger Mann, ich sage dir: Früher war dieser See noch ein Angelparadies. Einmal hatten wir beim Mittagessen drei Kartoffeln übrig, und ich habe sie mit an den See genommen. Was meinst du, wie viele Karpfen ich damit gefangen habe?«

»Drei?«, frage ich dann immer, als würde ich die Antwort noch nicht kennen.

Sein Grinsen verleiht seinen Falten die Tiefe eines Kraters: »Sechs! Denn ich habe die Kartoffeln halbiert. Anfüttern musste man damals nicht. Der See war so voll mit Karpfen, dass man trockenen Fußes über das Wasser hätte laufen können.«

Und jedes Mal – weil ich die Antwort so gerne höre – frage ich: »Hast du damals schon mit derselben Pose wie heute gefischt?«

Dann schüttelt er seinen Kopf so energisch, dass ich schon fürchte, er könnte ihm von der morschen Schulter fallen. »Früher brauchtest du noch keine so feinen Posen! Da hatte ich noch eine, die doppelte so dick war.«

Hier frage ich mich stets, ob seine Pose tatsächlich doppelt so dick wie heute war – oder ob er nur noch halb so gut sieht.

»Habe ich dir eigentlich schon von dem Hecht erzählt, den ich einmal beim Karpfenangeln mit Pose hier gefangen habe?«

Hecht frisst Pose
Ich schweige höflich, damit er fortfahren kann: »Also, ich hatte den Setzkescher schon so voll mit Karpfen, dass kein weiterer reingepasst hätte. Ich kurble ein, um Schluss zu machen. Die Pose saust mit einer fetten Bugwelle übers Wasser. Da öffnet sich das Wasser, ein Riesenhecht reißt sein Maul auf, und die Pose verschwindet in seinem Schlund wie Jonas im Bauch des Wales. Ein Mordshecht tobt an der Rute! Offenbar bekommt er die Pose nicht mehr raus, weil seine Zähne nach innen stehen. Eine Viertelstunde später liegt der Hecht am Ufer. Wir haben die Fische damals ja noch nicht gewogen, aber ich schätze, er hatte mindestens 40 Pfund.«

Ich nicke andächtig, und er fährt fort: »Und habe ich dir je von meinem besten Aalfang erzählt? 125 Aale in einer Nacht. Und das Beste ist: Ich habe sie ohne Köder gefangen! Jetzt darfst du raten, wie!« Natürlich weiß ich längst die Antwort, aber ich zucke mit meinen Schultern. »Ich habe die Aale einfach gekeschert – im Schein einer Fackel! Sie zogen in solchen Mengen durch den kleinen Bach in den See, dass ich nur mein Netz reinhalten musste. Hier, es war dieser Kescher!« Er deutet auf einen morschen Holzstab mit hellgrauem Netz, das so brüchig scheint, als könnte jeder Schmetterling es sprengen.

»In den drei Tagen danach qualmte unsere Räuchertonne rund um die Uhr. Meine Frau Gisela hat so viel geräuchert, dass sie danach selbst wie ein Räucherfisch roch. Die Nachbarn haben sich beschwert, bis Gisela ihnen den Mund stopfte – mit geschenkten Aalen.«

Der gesprengte Rucksack
Seine Klassiker kennt jeder im Verein: den Forellen-Feldzug im Bach, bei dem ihm der Rucksack gesprengt wurde, so viele Fische hatte er darin; sein Husarenstreich beim Barschangeln, als er die raubenden Zweipfünder nicht mit der Rute, sondern mit der Senke fing – in solchen Mengen, dass das Metallgestell am Abend völlig verbogen war; und seine Schleien-Schlacht in der Schilfbucht, die damit endete, dass sein kleiner Sohn Jürgen mit einem Leiterwagen ans Wasser kommen und die insgesamt über 100 Pfund schwere Beute nach Hause karren musste.

Und seine Erzählungen enden immer mit den gleichen Worten: »Früher war das noch ein Traumgewässer. Heute ist nichts mehr drin. Schau dir meine Pose an – da hat schon seit einer Ewigkeit nichts mehr gezupft.«

Vielleicht haben sich ein paar Fische unter Wasser einen Bruch gehoben, ohne dass die Pose sich bewegt hat. Würde mich bei dieser Tragkraft nicht wundern. Aber weil ich ein höflicher Mensch bin, schweige ich. Und weil der Angel-Opi mein Schweigen als Zustimmung wertet, klopft er mir gönnerhaft auf die Schulter: »Wenn du so alt wirst wie ich, wirst du auch ein paar Fänge erlebt haben. Aber nicht an diesem See!«

Schlechte Augen
Wie gut, dass seine Augen nicht mehr die besten waren. Sonst wäre ihm aufgefallen, dass ich an diesem Tag bereits fünf Barsche und einen stattlichen Hecht gefangen hatte. Und vielleicht hätte er auch die Schlammwolken der gründelnden Schleien gesehen und die Rückenflossen eines Karpfenschwarms, der an der Oberfläche zog. Nie war der Fischbestand in diesem See besser als heute. Aber er sah nur, was er sehen wollte: fischleeres Wasser. Er verklärte die Vergangenheit und verfluchte die Gegenwart.

Eines Tages – er hatte gerade das Wasser verlassen – steuerte ein uraltes Mütterlein auf seinen Platz zu, geführt am Arm eines Mannes von Anfang 60. Als sie am Wasser standen, nur ein paar Meter neben mir, sagte die alte Frau: »Siehst du, Jürgen, Papi hat sich schon auf den Heimweg gemacht.«

Ich schaltete mich ein: »Sie suchen den älteren Herrn, der hier immer angelt?« Fast wäre mir »Angel-Opi« rausgerutscht, aber im letzten Moment hatte ich mich beherrscht. Die beiden nickten. »Leider ist er vor fünf Minuten aufgebrochen. Ich glaube, er hat nichts gefangen.«

Die Frau sah ihren Sohn an, und beide schmunzelten. »Mein Mann hat noch nie einen anständigen Fisch gefangen«, sagte die alte Dame – also Gisela – dann. »Schon vor 70 Jahren war er ein miserabler Angler.«

180 Pfund transportiert
Ich schaute irritiert. »Aber Sie haben doch damals tagelang die Aale geräuchert, nachdem er mit seinem Keschernetz ...«

»Wir hätten gerne eine Räuchertonne angeschafft. Aber da er niemals einen Aal fing ...«

»Und der 40-Pfund-Hecht, der seine Pose nahm?«

»Wir hätten uns gefreut, wenn er mal einen Vierpfünder mitgebracht hätte.«

»Und die Kartoffeln, die er mit ans Wasser nahm ...«

»... hat er immer selbst gegessen!«

Ich sprach den Mann – Sohn Jürgen – an: »Aber Sie haben doch damals mit dem Leiterwagen hundert Pfund Schleien vom Wasser nach Hause gefahren!«

Der Sohn lachte laut: »Das stimmt. Einmal war ich mit dem Leiterwagen am Wasser. Und ich fuhr sogar 180 Pfund nach Hause.« War das möglich? Könnte der Angel-Opi untertrieben haben?

»Mein Vater hatte beim Schleienangeln wieder einmal nichts gefangen und sich fürchterlich betrunken«, erläuterte Jürgen. »Als Schnapsleiche lag er am Ufer der Schilfbucht. Deshalb musste ich ihn mit dem Leiterwagen nach Hause fahren.«

Der Fluch des Sommers

Sommerhitze: Wenn ich beim Anblick der Ringe an der Oberfläche nicht mehr sicher bin, ob das Wasser den Siedepunkt erreicht hat oder nur Kleinfische spielen. Sommerhitze: Wenn die Badegäste wie die biblische Heuschreckenplage über den See herfallen und mich immer wieder vor das Rätsel stellen, warum sie beim Betreten des lauwarmen Wassers so schrill wie beim Gang ins Eismeer kreischen.

Wenn sich die Seerosen wie Efeu an der Hauswand über den See ausbreiten und zu einem Keuschheitsgürtel verdichten, nur um die Karpfen vor der Verführungskunst meiner Köder zu bewahren. Wenn das Aalangeln vor Mitternacht keinen Zweck hat, weil es noch Tag ist, und das Aalangeln danach nicht, weil es schon wieder Morgen wird. Wenn meine Madendose zu brummen beginnt wie ein Außenborder und ihr Deckel sich durch eine mittlere Explosion hebt, dass ich vor lauter Fliegen keinen Himmel, sondern nur noch Schwarz sehe. Wenn meine Senke so voll mit Köderfischen ist, dass man einen Lastkran bräuchte, um sie anzuheben. Wenn die Weißfische so schnell über mein Karpfenfutter herfallen, dass ein Flugzeug mit Schallgeschwindigkeit dagegen am Himmel zu kleben scheint wie eine Schnecke am heißen Asphalt. Wenn die Wahrscheinlichkeit, dass meine Knicklichter nach dem Knicken tatsächlich leuchten, geringer ist, als die auf eine Fressgemeinschaft aus Hund und Karpfen am heimischen Frolic-Napf. Wenn die Sonnencreme in meinem Nacken als Sonnenbrandbeschleuniger wirkt. Wenn meine Maisdose als brodelnder Kochtopf durchginge. Wenn mir die Sonne ihr Zitronenlicht durch jede Schirmkappe hindurch in die Augen träufelt. Wenn ich blind werde für Bisse an der Pose und meine Fangstatistik so leer ist wie die Kasse meiner Heimatgemeinde: Dann wird es höchste Zeit, dass die Sommerhitze endlich weicht und dem Herbst, dieser trüben Tasse, das Feld überlässt. Abwechslung muss sein. Auch beim Schimpfen auf die Jahreszeiten!

Der unsichtbare Egon

Egon ist Angler. Sagt er. Fest steht: Seit 20 Jahren ist er im Verein. Zahlt brav seinen Beitrag, verpasst keine Versammlung. Und manchmal, zu vorgerückter Stunde, wenn seine Nase wie ein rotes Knicklicht glüht, bringt er den Stammtisch so richtig in Wallung.

Jeder Drill ein Drama, gewürzt mit Original-Geräuschen: Schlägt der Hecht in seiner Erzählung, trommelt Egon mit flacher Hand auf den Stammtisch. Und reißt die Schnur, schnalzt er mit der Zunge und dreht fast einen Purzelbaum rückwärts.

Kurz: Egon ist ein ganz normaler Angler. Bis auf einen klitzekleinen Unterschied: Keiner hat ihn je am Wasser getroffen. Weder tags noch nachts. Weder heute noch vor 20 Jahren.

Ich hege den Verdacht, Egon hatte noch nie eine Rute in der Hand. Wahrscheinlich kann er eine Kaffeemühle nicht von einer Rolle unterscheiden. Aber das Bier schmeckt besser, wenn man's nicht alleine trinkt. Und ein Verein vereint eben nur Zunftbrüder – oder solche, die vorgeben, es zu sein.

Jeder Angelverein hat seinen Egon. Einen, der nur das Wort, aber nicht die Rute schwingt. Nicht selten thront er sogar als Vorsitzender. Seine Halbbrüder sind Wurmbader, die sich als Fliegenfischer ausgeben, obwohl sie den Doppelzug nur am Bierglas beherrschen – ihn aber unbedingt am exklusiven Stammtisch der »Gespließten« (voll)ziehen wollen.

Wer ohne Lüge ist, werfe den ersten Stein auf Egon. Aber bitte per Doppelzug.

Der Überfall beim Nachtangeln

Der Tag beginnt mit einem Glücksgriff: Zwei Angelkollegen finden am Waldsee eine Rute, an der noch ein riesiger Fisch hängt. Doch dann, als die Nacht beginnt, nähert sich das Grauen.

Ich war nicht in Geldnot, ach was. Aber mein Konto hielt sich an die Gezeiten, auch wenn die Flut kurz und die Ebbe ewig lang war. Unser Angelgerätehändler kannte schon die Szene, dass ich in seinen Laden schlich, meine Traumrute in die Hand nahm, zärtlich über den Korkgriff streichelte, ein paar imaginäre Fische drillte und sie dann zurück in den Halter stellte. Ich konnte mir das gute Stück einfach nicht leisten – obwohl meine Ruten mittlerweile schon Moos ansetzten, so alt kamen sie mir vor.

An einem Abend im August fuhr ich mit meinem Kollegen Ingo an den Waldsee unseres Vereins. Das Gewässer lag mitten in einem finsteren Forst, der so groß war, dass sich Robin Hood dort hätte verstecken können. Der See war bekannt für seine fetten Schleien, aber auch für stattliche Regenbogenforellen. Eigentlich begegnete man dort kaum Angelkollegen, denn andere Gewässer des Vereins lagen günstiger.

Als wir ankamen, ging gerade die Sonne unter. Die Tannen drängten sich bis dicht an den See. Ihre Äste reichten weit übers Wasser. Ein Kuckuck rief in der Ferne, es roch nach Harz und Pilzen, und die Luft war erfüllt vom Summen der Mücken. Ingo und ich gingen zielsicher auf eine kleine Schneise am Ufer zu. Ein Seerosenfeld erstreckte sich bis direkt vor unsere Füße. Es war ein ausgezeichneter Platz für Karpfen und Schleien.

Etwas Gelbes im Gebüsch

Mit ein paar Handgriffen machten wir unser Angelgerät flott: Ingo seine nagelneue Grundrute. Und ich steckte verschämt meine alte Billigrute zusammen, die ich schon längst durch meine Traumrute aus dem Laden hatte ersetzen wollen. Wir fütterten Mais an, jeweils zwei Hände, gaben ein paar Grundfutter-Bälle aus Paniermehl und Kuchenkrümeln hinterher. Diese Krümel bekam man für einen Mini-Preis beim Bäcker. Ihr süßer Geschmack lockte vor allem dicke Karpfen und

Schleien an. Unsere Grundbleie ploppten ins Wasser.

»Was ist das dort drüben?«, fragte ich Ingo und deutete auf etwas Gelbes am Ufer gegenüber, das zwischen zwei Büschen lag.

»Sieht aus wie eine Angelrute«, antwortete er.

»Eine Rute? Aber wer sollte dort drüben ansitzen? Das Unterholz ist dicht, dort kommt man kaum hin. Und ich sehe auch keinen Angler.«

»Na gut«, spottete er, »dann ist die Rute halt allein dorthin spaziert.« Grinsend fügte er hinzu: »Quatsch, der ist kurz pinkeln. Sonst nichts.«

»Aber warum steht dann kein weiteres Auto auf dem Waldparkplatz?«

»Vielleicht ein Jungangler, den seine Eltern hier abgesetzt haben und später wieder einsammeln.«

Ich kniff die Augen zusammen. Jetzt nahm ich auch noch die rote Spitze einer Pfauenkiel-Pose wahr – sie war leicht gebogen, das machte sie unverwechselbar. Und diese Pose wurde gerade aus dem Wasser gehoben und wanderte seitwärts. »Biss!«, rief ich laut, um den fremden Angler zu alarmieren, »Biss an der Pose!« Nichts regte sich am anderen Ufer.

»Wo bleibt dein Angler, Ingo? Wenn er nur Pinkeln ist, muss er doch irgendwann zurück sein! Spätestens jetzt, bei diesem Biss!«

Fisch hängt, Angler verschwunden

Dort, wo eben noch die Pose zu sehen war, klatschte es jetzt. Eine gewaltige Regenbogenforelle war aus dem Wasser geschossen und hatte sich geschüttelt. Offenbar hatte sie an der Posenrute gebissen. Im flachen Wasser war die Bugwelle zu sehen, mit der sie jetzt durch den See fegte. »Hallo!«, brüllte ich aus ganzer Kehle, »da hat eine Forelle an der Posenrute gebissen, eine große Forelle.«

»Merkwürdig«, sagte Ingo, »vielleicht ist dem Kollegen was passiert. Stell dir vor, er ist gestürzt, mit dem Kopf auf einen Stein geschlagen und liegt jetzt hilflos am Ufer. Lass uns rübergehen und nachschauen.«

Also brachen wir auf zu einer kleinen Dschungel-Expedition, kämpften uns durchs Brombeer-Gestrüpp, stiegen über Baumleichen, sprangen über Schlammlöcher und kamen dem Angelplatz des Kollegen immer näher. »Hallo, ist da wer?«, rief ich immer noch in der Hoffnung, gleich eine Antwort zu bekommen. Doch der Wald antwortete »Kuckuck« konnte nicht die Antwort eines Angelkollegen sein.

Nach einer Viertelstunde hatten wir den Platz zwischen den beiden

Büschen erreicht. Die honiggelbe Rute, offenbar ein kostbares Exemplar, war fast ins Wasser gezogen worden. Nur noch mit ihrer Rolle hing sie im Busch fest. Die Spitze schlug aus wie verrückt. Ich schnappte die Rute und nahm den Drill auf. Die Forelle fetzte Schnur von der Rolle und zog mit einer riesigen Bugwelle durch den Teich. Die honiggelbe Rute warf sich kühn nach vorne, die Bremse summte lauter als alle Mücken zusammen.

Sprühende Wassertropfen
»Du brauchst gleich einen Kescher!«, rief Ingo. Er sah sich um und schimpfte dann: »Aber hier ist kein Kescher. Wie kann das sein – eine Angelrute, aber kein Angler, keine Ausrüstung, gar nichts.« Ich hörte seine Stimme wie von fern, denn ich war ganz mit dem Drill der Riesenforelle beschäftigt. Jetzt sah ich, wie der Winkel der Schnur sich wieder öffnete. Und im nächsten Moment schoss der Fisch aus dem Wasser, bog sich und klatschte wie bei einem Kopfsprung vom Drei-Meter-Brett ins Wasser zurück. Die sprühenden Wassertropfen funkelten in der untergehenden Abendsonne.
Ich pumpte, was das Zeug hielt. Aber was hielt das Zeug eigentlich? Ich hatte ja keine Ahnung, welche Schnurstärke montiert war. Ein kurzer Blick auf die Rolle ließ mich zu der Einschätzung kommen: Mindestens eine 0,30er Schnur – also eine Tragkraft, die sich sehen lassen konnte. Ich verschärfte den Drill. Der Fisch kam näher, der Radius seiner Bugwellen wurde enger. »Du kriegst die Forelle!«, feuerte Ingo mich an und kniete ganz vorne am flachen Ufer. Er beugte sich nach vorne, griff in die Schnur und mit einem eleganten Schwung hatte er den Fisch aufs schlammige Ufer geschleift. Wow, das war eine Regenbogenforelle von mindestens fünf Pfund, ein Prachtexemplar!
Fröhlich stiefelten wir zu unserem Angelplatz zurück. Ingo trug stolz die Forelle, ich nicht minder stolz die honiggelbe Angelrute. Im Drill hatte sie sich als wunderbares Angelgerät erwiesen. Jede Bewegung des Fisches war direkt in meinen Arm übertragen worden. Bei Fluchten hatte sie sich geschmeidig krumm gemacht. Und wenn ich pumpen musste, hatte sie ihr Rückgrat bewiesen. Eine echte Traumrute. Keine Ahnung, wem sie ursprünglich gehört hatte und wie sie in den Wald gekommen war – aber jetzt gehörte sie mir!

Zur Not ein 4-Pfund-Aal
Die Pfauenkiel-Pose mit der gebogenen Spitze ließ ich montiert, zog einen fetten Tauwurm auf und warf erneut aus. Längst war die Sonne hinter den Baumwipfeln abgetaucht, die Luft bebte vor lauter Mückensummen und Vogelzwitschern. Nur zu gerne hätte ich einen weiteren Fisch mit der neuen Rute gefangen, einen Schuppenkarpfen von 30 Pfund oder eine Schleie von fünf Pfund. Zur Not hätte ich mich auch mit einem Vier-Pfund-Aal begnügt. Mag sein, ich war ein wenig unbescheiden, aber der Fang der Riesenforelle hatte meine Maßstäbe nach oben verlegt.

Langsam senkte sich die Nacht vom Himmel. Die Konturen der Bäume verschwammen, aus der Ferne rief ein Käuzchen. Und jedes Rascheln, das wir hinter uns im Wald vernahmen, wirkte auf einmal unheimlicher als bei Sonnenlicht. Ingo fing eine fette Rotfeder, ich holte einen keinen Döbel an Land. Zum Hakenlösen mussten wir schon die Stirnlampen einschalten, zur Freude der Mückenschwärme, die uns postwendend in die Gesichter flogen.

Nun steckten wir Knicklichter auf unsere Posen. Wir warfen sie aus, im hohen Bogen, sie flogen wie kleine Silvesterraketen durch die Nacht. Danach saßen wir ganz still am Ufer unseres Waldteiches. Ich spitzte die Ohren.

»Hast du das gehört, Ingo?«, flüsterte ich.

»Was meinst du?«, fragte er leise zurück.

»Es hat doch gerade hinter uns geknackt – als würde jemand durch den Wald schleichen.«

»Klar, da will jemand seine Rute zurück. Und die Forelle noch dazu. Gleich spürst du einen Pistolenlauf an deinem Hinterkopf.«

Räuber – oder nur Quatsch?
»Hör auf mit dem Quatsch«, ermahnte ich ihn. Bei Tageslicht hätte ich solche Sprüche ertragen – doch mitten in der Nacht und mitten im Wald fand ich das unheimlich. Zumal ja wirklich nicht geklärt war, wer der rechtmäßige Besitzer dieser Rute war.

»Jetzt höre ich es auch«, hauchte Ingo, als es erneut in unserem Rücken knackte. »Das sind eindeutig Schritte!«

»Vielleicht ist es ein Reh«, sagte ich.

»Das klingt aber nicht nach einem Tier! Was machen wir jetzt?«

»Nur keine Panik«, sagte ich – und griff heimlich zu meiner Kiste, um mit einem verstohlenen Griff das Filetiermesser hervorzuzaubern. Für alle Fälle!
Das Knacken kam näher, Schritt für Schritt.
»Wir müssen weg!«, sagte Ingo.
»Wohin?«, flüsterte ich. »Der Weg ist doch abgeschnitten.«
»Lass uns mit den Stirnlampen in den Wald leuchten!«
»Wir sollten ihn nicht provozieren.«
»Ihn? Du glaubst also auch, dass da jemand seine Rute zurückhaben will.«
Jetzt war das Knacken so dicht an uns herangerückt, dass ich mich nicht gewundert hätte, gleich eine kühle Hand in meinem Nacken zu spüren. Nur die Furcht, was wohl zu sehen wäre, hinderte mich daran, meine Stirnlampe einzuschalten und mich umzudrehen.
Und auf einmal dröhnte sie in meinen Ohren, diese tiefe Stimme: »Habe ich euch endlich!« Gleichzeitig wirbelten Ingo und ich unsere Köpfe herum. Ein greller Lichtkegel sprang uns ins Gesicht. Ich war geblendet, konnte nichts sehen.

Messer weg!

»Lass das Messer fallen, aber schnell!«, befahl der tiefe Bass. Meine Hand löste sich, mit einem schmatzenden Geräusch fiel das Filetiermesser in den Uferschlamm. Mein Herz raste so schnell, dass es mir fast die Brust sprengte. Mein Kopf fühlte sich wie ein Heißluftballon an.
»Ganz langsam zum Wasser umdrehen!«, kommandierte der Unbekannte, »und die Klappstühle eng zusammenrücken.« Ingo rückte dicht an mich heran. »Jetzt die Arme nach hinten strecken!« Wir taten, wie uns geheißen. Ich spürte kaltes Metall an meinem Unterarm. Mein Arm zuckte, doch er stieß gegen Widerstand. Dieser Irre hatte uns gerade mit einer Handschelle gefesselt. Ach, wären wir doch an den Stadtteich gefahren, statt in diesen einsamen Wald. Hier lohnte es sich nicht, um Hilfe zu rufen, damit hätte man höchstens ein paar Wildschweine aufgescheucht.
Jetzt wanderte der Lichtkegel am Ufer entlang und schälte die honiggelbe Rute aus der Dunkelheit. »Aha, da ist sie ja«, brummte der Schattenmann. Er ging ans Wasser, ich sah ihn als schwarzen Riesen im Licht, und kurbelte die Rute ein. »Was haben wir da? Das ist doch

die gebogene Pfauenkiel-Pose. Die kann man wirklich nicht verwechseln.«

Offenbar holte sich der Schwarzfischer sein Gerät zurück, und zwar in der Manier eines Räubers. »Jetzt haben Sie, was Sie wollen«, sagte ich. »Lassen Sie uns frei!« Der Schattenmann hielt uns seine grelle Lampe ins Gesicht: »Ich wollte nicht die Rute – ich wollte euch zur Strecke bringen!« Dieser Satz klang gar nicht gut, erst recht, wenn man ihn gefesselt in einem nächtlichen Wald hörte.

Zittrige Stimme
»Beruhigen Sie sich«, sagte Ingo, und seine Stimme zittrig. »Ich habe 50 Euro in der Tasche, Sie können das Geld gerne haben. Und mein Angelgerät noch dazu.«

Der Schatten schien über das Angebot nachzudenken, jedenfalls schwieg er eine beachtliche Weile. Ein Käuzchen schrie aus der Ferne, als wollte es sich in die Unterhaltung einmischen. »Dieses Angebot werte ich als Bestechung«, sagte der Fremde.

»Bitte lassen Sie uns wieder frei«, flehte ich.

»Den Teufel werde ich tun«, sagte er und fummelte etwas aus seiner Jacke. Kurz leuchtete ein Display auf. Dann tippte er etwas ein und sprach in die Dunkelheit: »Endlich habe ich sie. Es sind zwei. Ich brauche Verstärkung!«

Mein Herz, schon in die Hose gerutscht, sackte noch eine Etage tiefer. Plante der Irre mit Komplizen eine Entführung? Wollte er uns in den tiefen Wald verschleppen, wo er als gesuchter Verbrecher, wahrscheinlich Mörder, schon seit Monaten hauste – und sich dabei von Fischen ernährte, die er in unserem Waldsee als Schwarzangler auf die Schuppen legte? Ingo murmelte leise vor sich hin, und hätte ich nicht gewusst, dass er im Religionsunterricht immer geschlafen hatte, hätte ich das für ein Gebet gehalten.

Eine Viertelstunde später tauchte ein zweiter Mann auf. Der Schattenmann leuchtete ans Ufer: »Schau, die honiggelbe Rute und die gebogene Federkielpose – unverkennbar!«

»Klare Beweisstücke«, brummte der andere.

»Beweise wofür?«, frage ich.

Wie ein Bankräuber
»Dass ihr die gesuchten Schwarzfischer seid«, bellte der zweite Mann. »Seit Monaten sind wir auf euren Fersen. Oft schon haben wir die Rute und die Pose durch den Feldstecher vom Hochsitz aus gesehen. Aber immer, wenn wir kamen, hattet ihr euch schon verdünnisiert.«
»Wir sind keine Schwarzfischer!«, protestierte ich. »Die Rute gehört gar nicht uns.«
»Die Rute ist ausgelegt, liegt einen halben Meter vor euch, aber hat nichts mit euch zu tun?«
»Wir haben die Rute gefunden am anderen Ufer«, sprang mir Ingo zur Hilfe. Ein höhnisches Lachen hallte durch den nächtlichen Wald, und die tiefe Stimme brummte: »Nette Geschichte – als würde ein Bankräuber, der auf frischer Tat ertappt wird, von sich behaupten: ‚Die Waffe habe ich zufällig vor der Bank gefunden!'«
Der Kegel der grellen Lampe wanderte nun über den Boden des Ufers. Kurz sah ich Ingos bleiches Gesicht aufblitzen. Der Schattenmann pfiff durch die Zähne: »Schau dir das an, Fred!«, sagte er zu seinem Kollegen. »Die beiden Schwarzfischer haben eine Riesenforelle gefangen!«
»Wir haben sie nicht gefangen«, korrigierte ich, »sie hing einfach dran.« Der Schatten prustete empört. Ich versuchte, an seine Vernunft zu appellieren: »Wir sind Vereinsmitglieder und können uns ausweisen – bitte machen Sie mir die Hände frei.«
»Damit du mir dein Filetiermesser in den Bauch jagst«, entgegnete der Schattenmann. Ich überlegte fieberhaft, wie ich ihn doch noch überzeugen konnte. Dann begann ich, ihm alles zu erzählen, was ich über unseren Verein im Kopf hatte: »Wir zahlen pro Jahr 88 Euro Beitrag. Wir leisten vier Stunden Arbeitsdienst pro Jahr. Wir sind 635 Mitglieder. Letztes Jahr ist der komplette Bestand im Feuerlöschteich eingegangen, wir haben neu besetzt.«

Ein Schatten grübelt
So erzählte ich die komplette Geschichte des ASV nach, man hätte meine Worte nur aufnehmen müssen, um eine perfekte Vereinschronik zu haben. Der Schatten und sein Helfer kamen allmählich ins Grübeln. Schließlich durfte ich mich doch noch ausweisen. Und Ingo auch. »Das tut mir wirklich leid«, sagte der Schattenmann. »Aber wie hätte ich

wissen können, dass ihr die Rute des Schwarzfischers mit der markanten Pose nur gefunden habt.«

»Das haben wir doch die ganze Zeit gesagt!«, meinte ich.

»Schwarzfischer haben immer Ausreden. Wahrscheinlich hat der Typ euch kommen sehen und in seiner Panik die Rute liegen lassen. Aber nichts für ungut – natürlich könnt ihr jetzt weiterangeln!« Das sollte wohl großzügig klingen – am liebsten hätte ich ihm einen Futterball mitsamt Maden in den Mund gestopft!

Der Schattenmann wandte sich zum Gehen. Dann verharrte er und sagte: »Die beiden Beweisstücke muss ich natürlicher sichern.« Er griff die honiggelbe Rute. Und schnappte sich die Forelle. Dann verschwand er mit knackenden Schritten im nächtlichen Wald, dem Lichtkegel der Taschenlampe folgend.

»Jetzt ist auch noch die Rute weg!«, schimpfte ich. »Hoffentlich kommt nicht gleich der Schwarzfischer und will sie zurück.« Im Wald knackte es erneut. Wie auf ein heimliches Kommando packten Ingo und ich mit fliegenden Händen unser Gerät zusammen. Das Tempo, in dem wir zum Auto liefen, hatte den Namen »Flucht« verdient.

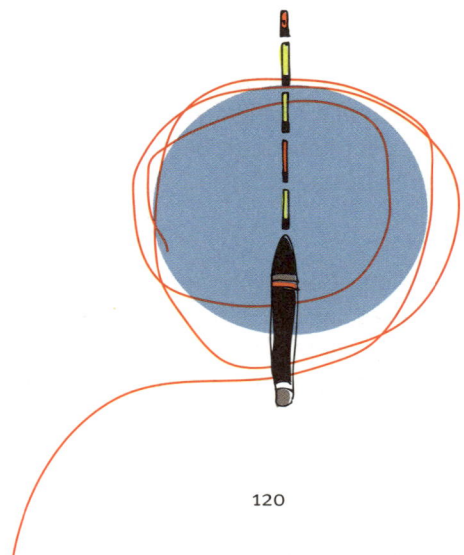

Fänger statt Anfänger

Er spießt die Maden auf den Drilling, legt den Spinner auf Grund und trampelt wie ein Nilpferd am Ufer. Dann, zu Ihrem Schrecken, fängt er auch noch – natürlich keinen Fisch, aber er fängt ein Gespräch an:

»Wie kriege ich hier einen Barsch?« – »Zum Beispiel so!« Sie werfen den Twister an Ihren Lieblingsplatz. Mit zarten Rucken lassen Sie ihn über den Grund tänzeln, immer an straffer Leine, um ja keinen Biss zu verpassen. Doch so oft Sie auch werfen, nichts tut sich.

»Darf ich auch mal?« – »Von mir aus«, sagen Sie, »aber die Rute beim Wurf nicht loslassen!« Keine Sorge, er krampft sich am Griff fest wie die Hexe am Besenstiel. Der Twister flitzt steil nach oben, schlägt zurück und zerreißt das Wasser vor seinen Stiefelspitzen. »Noch einmal!« ermutigen Sie ihn. Er liftet den Köder – und mit ihm einen Barsch von einem Pfund. Anfänger-Glück! Beim nächsten Versuch dreht er im wahrsten Sinne durch, kurbelt den Twister mit einer Riesenbugwelle heran. »Viel zu schnell!«, schimpfen Sie. Da wird die Bugwelle von hinten aufgerollt, ein fetter Hecht schlägt im hohen Bogen vor Ihre Füße. Anfänger-Glück!

Jetzt sind die Fische endlich da! Wenn schon dieser Anfänger ... Sie schnappen die Rute. Soll er doch mal sehen, wie's eigentlich geht. Nichts geht mehr. Könner-Pech!

Inzwischen ist der Anfänger wieder an seinem Platz. »Ein Karpfen«, hören Sie ihn jubeln, »ein großer Karpfen«. Sein Kescher stülpt sich von oben über den 10-Pfünder am Drilling. Der Anfänger geht mit drei Fischen nach Hause; Sie fangen nichts mehr. Kommt Ihnen bekannt vor? Haben Sie fast so erlebt, mit Ihrer Frau, dem Nachbarskind oder dem Schwager? Glaube ich sofort, denn eines dürfen wir beim »Anfänger« nicht übersehen: den Fänger. Er steckt in der zweiten Hälfte des Wortes.

PS: Kürzlich habe ich die Not zur Tugend gemacht und ein Buch geschrieben: »Fänger statt Anfänger – Angeln lernen: der schnellste Weg.« Dort können Einsteiger nachlesen, wie sie noch mehr fangen ...

Die Futterplatz-Falle

Schon wieder besetzt! Wann immer er an seinem angefütterten Karpfenplatz angeln wollte, waren zwei Schmarotzer bereits dort. Doch eines Nachts wendete sich das Blatt.

Männer stehen in den letzten Jahren immer öfter hinterm Herd, schnippeln Zutaten, schwingen Rührbesen, lupfen Kochtopfdeckel. Und jeder, der ein Spiegelei unfallfrei braten kann, landet früher oder später als Fernsehkoch vor der Kamera. Zu diesem Heer der Hobbyköche gehöre auch ich. Tagelang erkläre ich die Küche zum Sperrgebiet für meine Liebste. Dann brodeln Töpfe, der Backofen glüht, und aus dem Küchenfenster quellen so dichte Rauchwolken, dass die Feuerwehr auch ohne Navi zu mir findet.

Ich walke Teigmengen, mit denen sich Fußballfelder bedecken ließen. Ich schleppe Säcke mit Getreide die Treppe hinauf, unter denen man mich kaum noch sieht. Und aus meiner Küche steigt der verlockende Duft einer Weihnachtsbäckerei. Nun gut, ich will ehrlich sein: Manchmal stinkt es auch nach Fischöl, als wäre gerade eine Dosenfisch-Fabrik in die Luft geflogen, mitsamt verfaulter Lagerbestände.

Nach meinen Kochaktionen gleicht die Küche einem Schlachtfeld. Die Töpfe sehen aus wie das Ergebnis einer archäologischen Grabung. Die Reste von Pop-up-Boilies kleben so fest am Backblech, dass sie sich nur durch eine Sprengung lösen ließen. Und die Stromrechnung am Monatsende wird so teuer, dass mein Dispo-Kredit wieder einmal die Geduld meines Bankberaters auf eine harte Probe stellt.

Silberne Geschosse

In meiner Küche entstehen Karpfen-Spezialitäten, mal Getreide, mal Boilies. Zum Füttern und Fangen der prächtigsten Karpfen, die Sie sich vorstellen können. Unser Vereinssee ist bekannt für seine mächtigen Schuppis, silberne Geschosse von gigantischem Ausmaß. Und diese Fische sind bekannt für ihre Kampfkraft. Unzählige Schnüre haben sie schon gesprengt, Rod pods mitgerissen und Rollenbremsen erhitzt, bis die Schnur geschmolzen ist. Oder zumindest die Nerven des Anglers. Aber es gab einen Umstand, der mir die Freude am Anfüttern verdarb und ebenso die Fänge: zwei angelnde Schmarotzer. Ein gemütlicher

Dicker, der in abgewetzter Bundeswehr-Kleidung ansaß; und ein großer Hagerer, der eine umgedrehte Schirmmütze trug. Heimlich nannte ich sie »Dick und Doof«. Wann immer ich einen Futterplatz anlegte, musste ich damit rechnen, dass sie sich dort ein paar Tage später einnisteten. Sie ließen mich Futter im Wert von Hunderten Euros einwerfen – und kassierten die Fänge für lau ab.

Mittlerweile war ich dazu übergegangen, die Futterplätze nachts anzulegen. Aber die beiden Schmarotzer bekamen das mit. Spätestens nach drei Tagen – also kurz, bevor ich selbst zur Tat schreiten wollte – breiteten sie sich an meinem frisch bestückten Platz aus. Einige Male hatte ich Dick und Doof angesprochen, doch sie gaben sich unschuldig. Dick hatte sogar seinen Karpfensack aus dem Wasser gehoben und mir freudestrahlend einen Schuppenkarpfen von 1,05 Meter präsentiert.

Schwerer Futtereimer

Ich musste es schaffen, mein Futter so ins Wasser zu bekommen, dass die beiden es nicht mitbekamen. Nur wie? Unser See durfte nicht mit dem Boot befahren werden. Aber zehntausend Maiskörner machten, wenn sie ins Wasser schlugen, nun mal zehntausend Geräusche. Von Boilies ganz zu schweigen.

Es war eine laue Juli-Nacht, als ich am Vereinssee vorfuhr und meinen Futtereimer ans Ufer schleppte. Zwei Plätze wollte ich anfüttern, unweit der beliebtesten Angelstelle des Sees. Am ersten Platz, direkt vor einem Seerosenbeet, versenkte ich mein Material kiloweise; an der nächsten Stelle, einer Scharkante, ebenfalls.

Zufrieden verließ ich den See. In der nächsten Nacht füttere ich erneut. Am dritten Tag, als ich in der Dämmerung anrückte, war es so weit: Dick saß bei den Seerosen an; Doof versuchte sein Glück an der Scharkante. Ich schlenderte zu Dick, der wie immer olivgrün gekleidet war, und grüßte ihn freundlich: »Petri Heil. Tut sich was?« Er drehte sich mürrisch um, zuckte ein wenig zusammen, als er mich erkannte, und sagte dann: »Äh, nein. Noch nicht.«

»Wie war denn bisher das Karpfenjahr?«

»Toll!«, trompete er. »Vor zwei Wochen hatte ich einen 32 Pfünder. Dort drüben an der Birke.«

Die geraubte Birke
Ich holte tief Luft. Natürlich hatte ich an dieser Birke angefüttert. Und natürlich hatte er dort gefangen. Aber heute schien er Pech zu haben.
»Sind denn wenigstens Fische am Platz?«, frage ich.
»Nichts zu sehen. Keine Blasen. Kein Springen. Nichts.«
»Das ist ärgerlich, bestimmt hast du viel Geld in dein Anfutter investiert«, stichelte ich.
»Es ist jede Menge angefüttert, aber vielleicht war das Futter nicht gut genug«, stichelte er zurück.
Ich wanderte zu Doof, dessen Schirmmütze verkehrt herum auf dem Kopf saß. Auch er konnte keinen Biss, ja noch nicht mal Fische an seinem Platz vermelden. Und auch er war verwirrt, weil ihm die Karpfen in den letzten Monaten immer schnell in den Kescher gesprungen waren.
Eine Woche später fütterte ich an neuen Stellen. Und zwei Tage später stellten sich die beiden Schmarotzer ein. Offenbar war es ein vorzüglicher Angeltag. Andere Kollegen fingen immer wieder Karpfen und Schleien, obwohl sie nicht angefüttert hatten. Nur die beiden Schmarotzer bekamen keinen Biss, ja nicht mal eine Zupfer. Nervös wechselten sie am laufenden Band die Köder, warfen neu aus, stellten die Bissanzeiger scharf. Vergeblich.
Eine dritte Fütterung von mir, an neuen Plätzen, zog einen dritten Angelversuch der beiden an eben diesen Plätzen nach sich. Wieder erfolglos. Durch einen Feldstecher beobachte ich, wie die beiden vor sich hin fluchten und ihre Handflächen ratlos nach oben drehten, während sie sich per Handy miteinander austauschten. Nach ein paar Stunden räumten Dick und Doof das Revier und verteilten sich auf andere Plätze.

Bann gebrochen
Ab diesem Tag war der Bann gebrochen: Ich konnte wieder an Plätzen füttern, ohne dass sie von Dick und Doof besetzt wurden. Endlich hatte ich meine Futterplätze wieder exklusiv für mich. Endlich konnte ich wieder exklusiv fangen. Bald schon legte ich einen Schuppenkarpfen von 28 Pfund aufs Kreuz, dazu noch etliche zwischen 15 und 25 Pfund.

Aber warum, werden Sie fragen, haben die beiden Schmarotzer an meinen Futterplätzen nichts mehr gefangen? Habe ich vielleicht mit Kieselsteinen gefüttert, statt mit Mais? Zugegeben, diese Idee ist mir durch den Kopf gespukt. Aber warum sollten die Schmarotzer dann weniger als andere Angler an unangefütterten Plätzen fangen? So hätten die beiden jeden Zufallsfang meiner vermeintlichen Fütterung zugeschrieben.

Nein, ich hatte dafür sorgen müssen, dass sie keinen Biss mehr bekamen, nicht einen einzigen. Das gelang nur auf die harte Tour: Ich ließ als »Anfutter« Klosteine ins Wasser hageln. Haben Sie je an einem Klostein gerochen? Dieser Geruch ist so penetrant, dass jeder Karpfen mit seiner feinen Nase auf mindestens 500 Meter Abstand gehalten wird, ebenso Schleien und Weißfische. Die Plätze waren zur fischleeren Wüste geworden, Dick und Doof hatten Schneider bleiben müssen.

Diese Lektion haben sie begriffen: Seither halten sie ebenfalls 500 Meter Abstand zu meinen Futterplätzen. Weit genug, dass sie meine grandiosen Fänge nicht mitbekommen. Und woher sollen sie auch wissen, dass ich wieder Delikatessen aus meiner Karpfenküche anfüttere? Jetzt warte ich nur noch auf den Anruf von DMAX – um bald als Fernseh-Karpfenkoch durchzustarten.

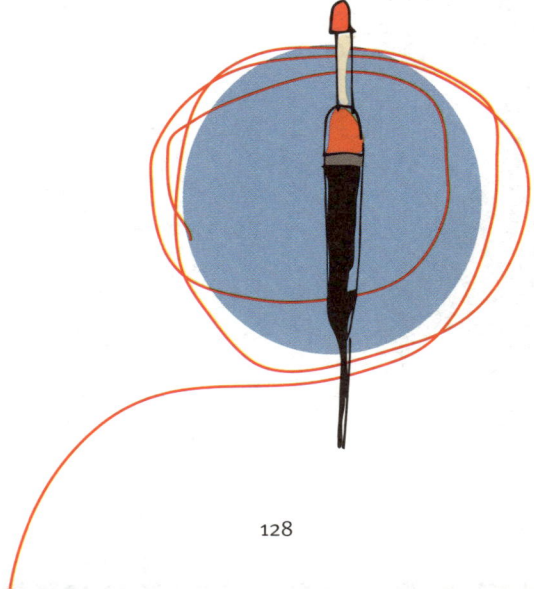

Die Sieger-Pose

Wussten Sie, woraus die deutsche Sprache besteht? Aus Angel-Vokabeln! Nehmen Sie nur das Wort »Siegerpose« – eindeutig Stipper-Deutsch! Dieser Begriff meint Posen, die mehr unter als über Wasser sind.

Oder nehmen Sie das Auto. Woher, glauben Sie, stammt der Begriff »Blinker«? Völlig klar, im Hechtsee hat es lange schon geblinkt, ehe das Auto erfunden wurde. Der erste Blinker, der auf der Welt gesetzt wurde, war ein Kunstköder. Und der Erste, der dafür in die Kurve ging, war ein gieriger Hecht. Dass es dabei zu einem Unfall kam, einem Zusammenstoß zwischen Fisch und Haken, lag im Sinne des Erfinders.

Womit wir – Stichwort Auto – bei der Bremse sind. Lange, bevor der erste Autofahrer ins Bremspedal trat, haben sich Angler an den Bremsen ihrer Rollen erfreut. Sagte ich »Rollen«? Natürlich geht dieses Wort nicht auf einen Überschlag mit Bodenkontakt zurück, sondern auf den Schnurspeicher der Rute.

Sagte ich »Rute«? Natürlich handelt es sich nicht um ein Wort, das ein gewisser Knecht Ruprecht erfunden hat. Die erste Rute der Menschheitsgeschichte war zweifellos eine Angelrute, Marke Weidenzweig. Sie ergänzte den Haken vortrefflich!

Sagte ich Haken? Natürlich wurzelt dieses Wort nicht im blitzartigen Wechsel der Fluchtrichtung, wie ihn Hasen einzulegen pflegen. Nein, der erste aller Haken war ein Angelhaken, gemacht dafür, in einem Fischmaul zu fassen und die Beute ins Netz zu befördern.

Sagte ich »Netz«? Wenn junge Menschen meinen, das »Netz« – auch Internet genannt – sei eine Erfindung der Neuzeit, liegen sie voll daneben. Die Verlinkung zwischen Fisch und Fänger funktioniert unter Wasser schon seit Jahrtausenden; nicht umsonst klingt das Wort »Browser« nach Wasser. Und die ersten Favoriten, die in der Geschichte markiert wurden, waren eindeutig Angelplätze. Und die ersten Viren haben sich nicht auf Festplatten, sondern in Fischkörpern breitgemacht.

Womit bewiesen ist: Die Wiege unserer Sprache steht an einem Angelufer. Und wer mich für diese Thesen einen »Spinner« schimpft, sollte mal über dieses Wort nachdenken!

Ein Sommerloch voller Forellen

Kennen Sie das Sommerloch? Nein, ich meine keine weißen Flecken in der Zeitung, die mit Fisch und Horror gefüllt werden. Das Lieblingsmonster ist der Wels. Angeblich ernährt er sich im Sommer nur noch von Enten (laut Lokalzeitung). Von Dackeln (laut Vorabend-TV). Oder von Dackelbesitzern (laut Boulevard-Zeitung).

Mein ganz persönliches Sommerloch liegt in einer Bachstrecke, die flach und gradlinig durch die Landschaft verläuft. Jeder vernünftige Forellenangler meidet sie. Wer fangen will, strebt die kurvigen Abschnitte an, die tiefen Gumpen, die schäumenden Passagen.

Dabei übersehen die Kollegen, dass letztes Jahr ein Hochwasser ein metertiefes Loch in diese Strecke gegraben hat, dank Kehrwasser-Strudel. Und dieses Loch – mein »Sommerloch« – hat es in sich! Jedes Mal, wenn ich über dem schwarzen Abgrund meinen Wobbler tänzeln lasse, schießt eine fette Forelle hervor. Diese Fische haben den Hals so voll mit Bachflohkrebsen, dass ich beim Hakenlösen kaum die Haken sehe. Und, glauben Sie mir: Wenn ich eine dicke Forelle gefangen habe, dauert es nur zwei Tage, bis die nächste sich einstellt. Die Forellen lieben mein Sommerloch; die Angelkollegen jedoch – Gott Lob! – ahnen nichts davon.

Ach ja, da fällt mir ein: Vergessen Sie alles, was Sie gerade gelesen haben! Natürlich ist mein Sommerloch nicht echter als ein Wels, der Dackelbesitzer frisst; als ein ausgebüxter Piranha, der sich ernährt von den großen Zehen der Badenden; und als ein Riesenkarpfen, der die bunten Gummibälle der Kinder mit Boilies verwechselt und gnadenlos einschlürft (Heulen am Ufer!).

Glauben Sie mir: Mein Sommerloch hat es nie gegeben! Und wenn Sie mich eines Tages beobachten, wie ich an einer topfebenen Stecke des Baches mit dem Kescher hantiere, dann seien Sie sicher: Ich will höchstens einen Dackel an Land schöpfen, damit die Welse im Bach nicht zu fett werden. Und das, was in meinem Kescher wie eine kapitale Forelle glitzert, entspringt nur Ihrer Fantasie.

Rufen Sie bloß nicht die Zeitung an! Sonst füllt sie ihr Sommerloch noch, indem sie mein Sommerloch enthüllt. Das wäre zur Abwechslung mal keine Ente – aber das Ende meines Lieblingsplatzes!

Der ausgeraubte Gerätehändler

Einbruch beim Gerätehändler: Der Tresor ist leer, etliche Kunstköder fehlen. Und ein einheimischer Angler gerät unter bösen Verdacht, obwohl er seine Unschuld beteuert.

Am liebsten wäre ich direkt nach Hause gefahren, ich hatte die ganze Nacht am Vereinssee auf Zander geangelt. Aber ich wollte noch einen Spezialwobbler für den nächsten Angeltag kaufen. Mit überhöhter Geschwindigkeit schoss ich um die Ecke und sah schon die flackernde Leuchtreklame des Angelgeschäftes (seit ewigen Zeiten funktionierten die Glühbirnen nicht mehr richtig!).

Jörn, der Händler, ein Mittfünfziger, war ein Lebenskünstler. Seit Beginn des Internet-Zeitalters hielt er sich mit seinem Geschäft nur knapp über Wasser, was man seinen Räumen ansah: Die Wände hätten mal wieder eine Portion Farbe vertragen, der Laden glich einer Dunkelkammer, und aus den Ecken muffelte die Feuchtigkeit. Jörns Markenzeichen war eine Shimano-Kappe, die er rund um die Uhr tief im bärtigen Gesicht trug.

Hätte ich gewusst, dass vor dem Geschäft drei Polizeiautos stehen, wäre ich langsamer gefahren! Mein Fuß trat blitzschnell aufs Bremspedal. Doch niemand interessierte sich für mich. Die Polizisten knipsten Fotos, beugten sich über verstreutes Schaufensterglas und pickten Beweise auf.

Einsatzleiter in Zivil

»Was ist denn hier passiert?«, fragte ich einen grauhaarigen Herrn mit finsterer Miene, offenbar Einsatzleiter in Zivil.

»Das sehen Sie doch selbst!«

»Einbruch?«

»Beim Einkaufen schlägt man gewöhnlich keine Scheiben ein.«

»Haben Sie schon Hinweise auf den Täter?«

»Es war ein einheimischer Angler.« Ich holte tief Luft, denn nahezu alle Angler des Ortes waren meine Vereinskollegen. Bislang hatte ich keinen von ihnen für einen Verbrecher gehalten.

»Woher wissen Sie, dass es ein Einheimischer war?«

»Weil der Einbrecher genau wusste, wo der Safe mit dem Bargeld und den wertvollen Ködern ist.«

Stimmt, Jörn hatte seinen Safe hinter einem Barschportrait verborgen, das er immer zur Seite schob, wenn ein langjähriger Kunde nach einem besonders teuren US- oder Japan-Wobbler verlangte. Zu seinem Service gehörte, dass er jeden beliebigen Köder rund um den Globus besorgte. Und Barsch- und Zanderspezialisten wie ich nahmen dieses Angebot gerne in Anspruch. Die kostbaren Wobbler verwahrte er im Safe, seit es Probleme mit Ladendieben gegeben hatte.

Spuren vom Täter?
Der grauhaarige Einsatzleiter hatte sich wieder zum Boden gebeugt und zupfte etwas mit einer Pinzette. »Hat der Täter Spuren hinterlassen?«, fragte ich weiter.

»Ja«, knurrte der Polizist, »er ist wieder an den Tatort zurückkehrt und stellt auffällige Fragen!«

Ich spürte, dass mein Gesicht die Farbe eines japanroten Jigs annahm und beeilte mich zu versichern: »Ich habe ein gutes Alibi – ich war die ganze Nacht beim Aalangeln.«

Interessiert schaute er auf zu mir: »Gibt es dafür Zeugen?«

»Meine Frau!«

»Sie waren also mit Ihrer Frau zum Angeln.«

»Nein, aber sie kann bezeugen, dass ich mein Angelgerät gepackt habe und die ganze Nacht unterwegs war.«

Er pfiff durch die Zähne: »Ist ja interessant! Sie sind Angler und waren in der Tatnacht unterwegs!«

Ich spürte einen Kloß im Hals, als hätte ich gerade einen Riesenboilie mit Haarvorfach verschluckt. »Schauen Sie gerne in meinen Kofferraum – ich habe nichts zu verbergen!« Das ließ er sich nicht zweimal sagen! Er kam rüber und klappte den Deckel auf. »Uns liegt eine Liste mit den geklauten Kunstködern vor«, brummte er und griff sofort nach meiner Gerätekiste. Wobbler für Wobbler nahm er heraus, drehte sie auf den Bauch und verglich die Namen mit seiner Liste.

Beweisstücke im Kofferraum
»Volltreffer!«, sagte er. Und noch einmal: »Volltreffer«. Und wieder. Und wieder.

»Aber das ist doch kein Wunder!«, hielt ich dagegen. »Ich bin Zanderangler, Jörn hat immer wieder solche Wobbler für mich bestellt!« Heimlich wunderte ich mich aber dennoch, dass sich fast alle Köder von der Liste in meiner Kiste fanden; denn etliche Wobblertypen, die Kollegen aus dem Tresor kauften, hatten mich nie interessiert.

»Aha!«, sagte der Polizist, »Sie hatten also einen großen Bedarf an dieser Ware. Sie waren ‚zufällig' in der Tatnacht unterwegs. Und nun findet sich das Diebesgut ‚zufällig' in Ihrer Kiste!«

Der Polizist fixierte mich mit blauen Augen, die kühler als das Wasser eines Eislochs waren.

Wenn das hier so weiterging, würde ich die nächste Nacht nicht am Ufer, sondern in einer Zelle verbringen. Dabei hatte ich doch nur einen Wobbler kaufen wollen.

»Ich war einfach nur beim Zanderangeln!«

»Dann können Sie mir sicher einen Zander vorzeigen – als Beweis.«

»Ich habe keinen gefangen«, gab ich kleinlaut zu.

»Aber bestimmt wurden Sie von Angelkollegen am Wasser gesehen.«

»Heute Nacht waren keine Angelkollegen draußen.«

»Aber sicher hatten Sie Ihr Handy eingeschaltet, sodass sich über die Ortung nachweisen lässt, wo genau Sie die Nacht verbracht haben.«

Ich spürte, dass meine Sorge in Wut umschlug. Musste ich mich von diesem Möchte-gern-Detektiv wie ein Verbrecher behandeln lassen? Wütend stampfte mit meinem Stiefel auf: »Mit wem hätte ich denn die ganze Nacht lang telefonieren sollen? Die Leute schlafen um diese Zeit, ich hatte mein Handy ausgeschaltet. Das mache ich am Wasser immer, um meine Ruhe zu haben.«

Wollen Sie einen Anwalt?

»Ausgeschaltet«, wiederholte er und rief einen Kollegen herbei. Die beiden tuschelten. Dann sagte der Polizist mit einer Stimme, die genauso kalt wie seine Augen war: »Sie haben das Recht, Ihren Anwalt zu sprechen. Alles, was Sie von jetzt an sagen, kann vor Gericht gegen Sie verwendet werden.«

Ich kam mir vor, als wäre ich in einen Krimi gestolpert. Fehlte bloß noch, dass sie mir Handschellen anlegten! Tatsächlich wurde ich aufgefordert, die Polizisten aufs Revier zu begleiten. »Sie haben gegen mich doch nichts in der Hand!«, rief ich.

»Aha, jetzt streiten Sie die Tat schon nicht mehr ab – sondern nur, dass wir Beweise gegen Sie haben.«

Unsanft – denn ich wehrte mich – wurde ich in einen Polizeikombi gestoßen und aufs Revier transportiert. Dort gab ich eine Aussage zu Protokoll, die meine Unschuld beteuerte. Ich verlangte, Jörn als meinen Entlastungszeugen aufs Revier zu holen. Er würde bestätigen, dass ich bei ihm in den letzten Monaten etliche Wobbler der geklauten Fabrikate gekauft hatte – gegen gutes Geld.

Eine halbe Stunde später tauchte Jörn auf, wie immer mit der Shimano-Schirmmütze auf dem Kopf, und schüttelte den Polizisten freundlich die Hände. Mich sah er mit einer Grimasse an, als hätte man ihn aufgefordert, eine widerliche Wasserleiche zu identifizieren. »Jörn!«, rief ich, »Bitte sag ihnen, dass ich all diese Wobbler bei dir gekauft habe.«

»Gekauft? Du hast doch schon seit einem Jahr bei mir anschreiben lassen und dir keinen teuren Köder mehr leisten können.« Ich spürte, wie sich der Boden unter mir zu drehen begann. Was war in Jörn gefahren? Hatte er sich vom Wahnsinn der Polizei anstecken lassen? »Anschreiben? Ich? Du weißt doch, dass ich immer in bar bezahlt habe.«

Herumgelungert
Er schüttelte langsam den Kopf: »Du hast mich gestern doch noch angerufen. Deine erste Frage war: ‚Wie lang bist du noch im Geschäft?' Und deine zweite: ‚Wann machst du morgens auf?'

»Weil ich einen Wobbler kaufen wollte!«

»Weil du wissen wolltest, ab wann und wie lange du freie Bahn hast.«

Er behauptete, ich sei in letzter Zeit mehrfach spät abends beim Herumlungern in der Nähe des Geschäfts gesehen worden. Der Einsatzleiter nickte erfreut und legte ihm die bei mir sichergestellten Wobbler vor. Jörn stieß einem Pfiff aus und griff sich einen Crankbait: »Den erkenne ich sofort an seinem Lackfehler wieder – der war eindeutig im Tresor!« Der »Lackfehler« stammte von den Zähnen eines Zanders, das wusste ich genau. Doch Jörn blieb bei seiner Behauptung und gab an, er habe im Tresor neben den Ködern auch 15.000 Euro in bar sowie einen kostbaren Armreif seiner Frau verwahrt.

Das war's! Mein Einzelzimmer für diese Nacht war eine Zelle. Erst Tage später wurde ich mangels Fluchtgefahr bis zum Gerichtsverfahren wieder auf freien Fuß gesetzt. Die Nachbarn grüßten mich nicht mehr. Unser Angelverein warf mich raus wegen »unehrenhaftem Verhalten«. Ein paar Wochen verkroch ich mich in meine Wohnung, dann fasste ich einen Entschluss: Ich wollte Jörn zur Rede stellen. Mal sehen, ob er einem Kreuzverhör mit Ködernadel-Stichen, Erdspeer-Attacken und Senkstock-Knüppeln gewachsen war!

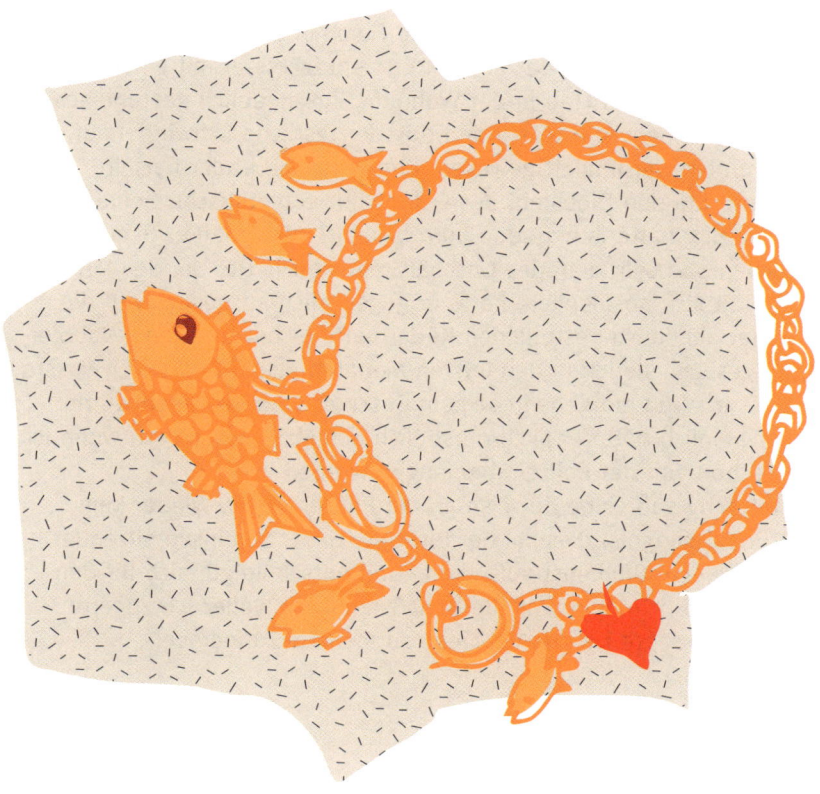

Plötzlich Licht im Laden
Früh morgens, ohne Frühstück, aber mit einer Riesenwut im Bauch, fuhr ich zu seinem Laden (gewöhnlich war er ab 7 Uhr im Geschäft). Na nu, warum flackerte die Leuchtreklame nicht mehr? Offenbar hatte er endlich die Birnen erneuert. Und was ich durchs Schaufenster im inneren des Geschäftes sah, verströmte nicht mehr Schmutz und Muff, sondern sah aus wie frisch renoviert. Jörn saß mit einem Kaffee am Verkaufstresen. Ich malte mir aus, ihm so lange konservierte Köderfische in den Mund zu stopfen, bis er endlich bereit war, die Wahrheit zu sagen.
   Doch als ich meine Hand schon auf die Klinke gelegt hatte, drehte ich wieder um. Eine innere Stimme riet mir, auf meine Lynchjustiz zu verzichten. Stattdessen wählte ich die Nummer eines Privatdetektivs. Sechs Wochen beschattetet er Jörn. Erst entdeckte er mit einem Fernglas, dass Jörns Frau in der Wohnung ihr angeblich gestohlenes Schmuckstück am Arm trug. Dann flog der restliche Schwindel auf. Der Einbruch war fingiert gewesen. Jörn hatte die Köder beiseite geschafft und den Diebstahl des Geldes nur vorgetäuscht. Seine Versicherung hatte ihm 20.000 Euro bezahlt, mit denen er Schulden beglichen und sein marodes Geschäft renoviert hatte. Um den Verdacht von sich abzulenken, hatte er gegen mich ausgesagt. Auf die Liste der angeblich gestohlenen Köder hatte er bewusst jene Wobblertypen gesetzt, die ich in den letzten Monaten gekauft hatte. Er wusste ja, dass ich früh morgens in seinem Geschäft vorbeischauen würde. Wahrscheinlich hätte er mich persönlich ans Messer geliefert, wenn ich nicht schon von der Polizei abgefangen worden wäre.
Der Detektiv gab seine Beweise an die Polizei weiter. Wieder kam einer ins Gefängnis, diesmal der Richtige. Unser Vereinsvorsitzender kam mit einem Blumenstrauß vorbei und entschuldigte sich für den Rauswurf. Ob ich meine Mitgliedschaft erneuern wolle? Ich zögerte lange. Dann sagte ich zu. Aus Liebe zu meinem Zandersee!

Der Großmaul-Angler

Der Kollege rudert auf mein Boot zu, als wollte er es rammen. »Schon was gefangen?«, brüllt er. Soll ich ihm von meinem Prachtzander erzählen? Ich zögere. »Kann passieren«, sagt er vorschnell, »ist ein schwieriges Gewässer«.

Aber nicht für ihn: Wahre Fischfluten brechen nun aus seinem Mund, Heere von Hechten, Schwärme von Barschen, Trupps von Zandern – angeblich seine Fänge der letzten Tage. Und er lässt keinen Zweifel daran, welchem Umstand er diese Fische verdankt: seiner Genialität. Er lobt sich für seine Platzwahl, für sein Gerät, für seinen Riecher. Er feiert seinen exklusiven Spinnköder aus den USA, sein ultra-feines Vorfach, seine super-raffinierte Montage. Und das in der Lautstärke eines Fußballreporters.
Mein Gerät betrachtet er mit einem verächtlichen Blick: »Gibt es von dieser Rute seit diesem Jahr nicht ein neueres Modell?«
Als er erfährt, dass ich vor dem Angeln nicht mal den Luftdruck gemessen habe, lacht er laut auf und hält einen Fachvortrag. Einiges kommt mir verdächtig bekannt vor: Diese Weisheiten stammen alle aus dem BLINKER des Vormonats. Ich grätsche dazwischen: »Was du erzählst, hat der Kremkus doch gerade in der BLINKER-Expertenrunde geschrieben.«
Für einen Moment bleibt ihm die Spucke weg, dann fängt er sich: »Klar doch, der Wolf-Rüdiger, das alte Haus! Ich tausche mich immer wieder mit ihm aus.« – »Und, lernst du was dabei?«, stichele ich. »Eher er von mir!«, behauptet er. »Ist zwar ein guter Angler, aber nicht auf dem neusten Stand.«
Während wir sprechen, sieht der Großmaul-Angler auf einmal einen riesigen Ring an der Oberfläche. »Raubender Hecht!«, brüllt er und pfeffert seinen US-Köder mit einem verunglückten Wurf zwanzig Meter neben den Ort des Geschehens. »Haubentaucher«, antworte ich gelassen. »Quatsch«, zischt er. Zehn Sekunden später taucht der Haubentaucher auf (ich hatte ihn aus dem Augenwinkel beobachtet). Nun behauptet der Großmaul-Angler: »Der war schon länger unter Wasser – der Ring kam von einem Hecht!«
Aber offenbar wird ihm das Gespräch mit mir zu heiß. Er beginnt,

langsam davon zu rudern. »Dann hoffe ich, dass auch du noch was fängst«, ruft er gönnerhaft – und legt seine Schlepprute mit dem Tieftauch-Wobbler aus. Sein Boot fährt direkt auf einen Barschberg zu. Ich weiß, was gleich passiert. Und tatsächlich: Seine Rute biegt sich. Er schnappt sie, grinst in meine Richtung und brüllt: »Schon wieder ein Hecht!« Erst als er sein Boot meterweit gezogen und den Kescher schon in der Hand hat, gelingt es ihm, seinen vermeintlichen Hecht als Hänger zu erkennen.

Aber das bekomme ich nur noch am Rande mit; ich lande gerade den nächsten Zander. Womit sich wieder einmal bestätigt: Manche Angler haben eine große Klappe; andere fangen tatsächlich.

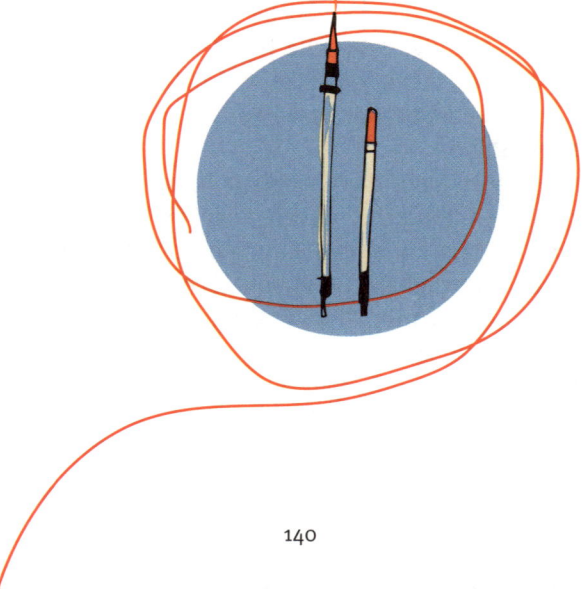

Das blaue Wobbler-Wunder

Der rote Twister schwänzelt, als ginge es um sein Leben, und diese Ahnung trügt nicht: Nach 50 Würfen ohne Biss skalpiere ich ihn! Und ziehe an seiner Stelle einen gelben Schwanz auf den Twisterhaken. Zwei Würfe, dann biegt sich meine Rute.

Ich klopfe dem Zander mit dem Priest auf den Kopf und mir mit der flachen Hand auf die Schulter: Wieder mal habe ich mich zur richtigen Farbe bekannt!

Viele von uns stellen sich die Raubfische so pingelig wie naturalistische Maler vor, die erst dreimal hinschauen, bevor sie sich für eine Farbe entscheiden. Unsere Spinner funkeln wie das Familiensilber, natürlich mit rotem Puschel am Drilling. Unsere Gummifische leuchten bunter als Legosteine. Und der Köderständer beim Gerätehändler nimmt es locker mit jedem kugelgeschmückten Weihnachtsbaum auf, ein gelber Neonwobbler krönt das bunte Treiben.

Und wie Hausfrauen ihre besten Kuchenrezepte tauschen – nuschelnd, tuschelnd, streng geheim! –, so handeln wir Angler mit Farbtipps: »Mein 20-Pfünder – pssst – auf blauen Wobbler!« Blau, aha! Für einen gelben Köder hätte der Hecht wahrscheinlich nicht mal mit der Brustflosse gewedelt. Ab morgen wird der See sein blaues Wunder erleben!

Nun gibt es Ketzer, die uns erzählen, dass die Köderfarben zwei natürliche Feinde hätten: erstens die Tiefe, zweitens die Fischaugen. So soll ein Twister, der gelb ist, in fünf Metern Tiefe grün werden, was ja zum Schwarzärgern wäre, weil grüne Köder bekanntlich nichts taugen. Und einige Fischarten, heißt es, seien so gut wie farbenblind. Wäre ja noch schöner! Da senden wir mit unseren Twistern die schönsten Farbfilme, den Regenbogen rauf, den Regenbogen runter. Und was empfangen die Fische? Nur einen langweiligen Streifen in Schwarz-Weiß! Da könnte einem glatt die Farbe aus dem Gesicht weichen.

Aber wer wird denn auf solche Ketzer hören! Wir greifen weiter nach dem Regenbogen, tupfen unserer Nassfliege noch zwei rote Punkte auf die Hechel. Und dann geht unser Schnurkanal wieder auf Sendung, strahlt den Köder aus, und wir starren auf die Fangquote. Sobald es beißt, kommt die Farbe zurück – zumindest in unsere blassen Gesichter.

Der Angelplatz-Dieb

Die besten Angelplätze eines Sees sind heiß begehrt, Angler veranstalten regelrechte Wettrennen. Aber was tun, wenn ein Kollege immer einen Schritt voraus ist?

Beschwingt fahren Sie ans Wasser, etwas schneller als erlaubt, so groß ist Ihre Vorfreude. In Gedanken sehen Sie sich schon, wie Sie an Ihren besten Fangplatz schreiten, jungfräulich liegt er da; wie Sie Ihren Köder auswerfen, verheißungsvoll schlägt er ein; und wie Sie nach kurzer Zeit einen Prachtfisch ausdrillen.

Mit solchen Fantasien bricht jeder Angler auf, ich vor allem an das beste Barschrevier unseres Vereins, den Füsensee. Er liegt in einer norddeutschen Seenplatte, wie von einem Landschaftsmaler dort hineingekleckst. Und er lockt mit einem ganz besonderen Platz: Der Liebknecht-Insel, die in der Mitte des Sees liegt.

Diese Insel bricht die Strömung, die der Westwind verursacht, und hat im Laufe der Jahrhunderte eine Landzunge gebildet, die sich weit in den Füsensee hineinzieht. Und an dieser Kante tummeln sich dicke Barsche, oft Fische bis 45 Zentimeter. Wenn sie keinen Appetit haben, schicken sie schon mal einen 10-Pfund-Zander oder einen 15-Pfund-Hecht als Vertretung vorbei. Die Insel ist der beste Angelplatz des Sees.

Leider hat sich diese Erkenntnis herumgesprochen. Erstens bei den Kormoranen, die sich auf den Bäumen der Insel ausbreiten (aber verschwinden, sobald sich ein Angelboot nähert). Seit Jahren kämpft unser Gewässerwart vergeblich gegen diese gierigen Fischfresser. Und zweitens unter den Angelkollegen, die immer öfter direkt zur Insel rudern und die Landzunge blockieren. Dann ist mein Angeltag jedes Mal gelaufen. Das ist umso ärgerlicher, da meine Anfahrt zum See rund eine Stunde dauert.

Frühschicht auf Barsch

Mein Gegenrezept: Ich lege eine Frühschicht ein! Es war ein Juli-Tag, als ich um 4.30 Uhr zum Füsensee startete. Die Straßen waren noch frei, ich flog durch die Stadt, glitt auf die Autobahn und stand um 5.28 Uhr auf dem Parkplatz am Bootssteg. Ich schloss das Tor auf, schritt auf den Steg und schaute zur Insel, ob mein Lieblingsplatz frei war.

Meine Stimmung sackte ab wie ein Grundblei im Schlamm: Verdammt, an der Insel lag schon ein Boot! Es gab nur einen Kollegen, der um diese Zeit schon auf dem Wasser sein konnte: John Tusch, ein Barsch-Profi, der die dumme Eigenart besaß, Plätze über viele Stunden zu blockieren. Er wohnte im Sommer auf einem Campingplatz direkt am See und musste nur ein paar Meter zum Steg spazieren.

Wütend warf ich mein Gerät ins Boot, ruderte den See hinauf und passierte den Kollegen John in einer Entfernung von etwa hundert Metern (näher wollte ich ihm nicht kommen, sonst hätte er sich ins Fäustchen gelacht). Er saß mit dem Rücken zu mir, trug einen Hut und einen grellgelben Friesennerz, obwohl es nicht regnete. Ich riss mich zusammen: »Petri Heil«, rief ich über den See. Doch John drehte sich nicht um zu mir. Hatte er mich nicht gehört? Noch einmal schmetterte ich ein »Petri Heil« in seine Richtung. Keine Reaktion.

Dieser eingebildete Schnösel meinte wohl, mich wie Luft behandeln zu müssen! Als würde es mich stören, von einem Kollegen nicht gegrüßt zu werden. Ach was, ich bin sogar froh, wenn ein alter Fischgeier wie dieser John mich mit seinem jämmerlichen Gruß verschont. Je weniger ich von Kerlen wie ihm höre, desto besser geht es mir. Also versuchte ich den ganzen Tag, ihn zu vergessen. Aber jedes Mal, wenn ich mir »Nicht an John denken!« zuflüsterte, tauchte sein Bild wieder von meinem Auge auf.

Kentern vor lauter Fisch

Ich malte mir aus, dass er bald kentern würde, so viele Barsche, Zander und Hechte musste er mir bereits weggefangen haben. Und immer, wenn ich mich zur Insel umdrehte, sah ich sein Boot direkt vor der Scharkante schaukeln. Dass ich bis auf ein paar Mini-Barsche leer ausging, machte meine Laune nicht besser.

Es dämmerte schon, als ich zurück zum Steg ruderte. John lag immer noch an der Insel-Kante. Diesmal verzichtete ich auf einen Gruß. Er musste gut gefangen haben, sonst wäre er nicht so lange geblieben. Ich beschloss, ihm die Barschsuppe am nächsten Tag zu versalzen: Diesmal stand ich schon um 3.30 Uhr auf. Mal schauen, ob ich das Rennen um den besten Platz nicht doch gewinnen würde! Um 4.27 Uhr – ich war noch etwas schneller gefahren – flitzte ich auf den Vereinsparkplatz, stürmte auf den Steg, blinzelte in der Dämmerung zur Insel. Verflucht! Wieder sah ich das Boot an der vertrauten Stelle dümpeln. Der gelbe Friesennerz leuchtete durch die Dämmerung. John war schneller gewesen.

Einen Moment überlegte ich, ob ich direkt wieder nach Hause fahren sollte. Aber wer weiß, vielleicht würde John heute schon gegen Mittag genug haben. Und dann wäre ich an der Reihe! Also ruderte ich dieselbe Route wie am Vortag. Kurz kam mir der Gedanke, John diesmal nicht zu grüßen. Aber dieses Schweigen hätte er als Triumph gewertet. »Petri Heil!«, rief ich deshalb so laut, dass ich die Kormorane aus den Bäumen gescheucht hätte, aber es saßen keine da. Das Angelboot an der Insel, in dem John unbewegt ansaß, musste sie bereits vertrieben haben. Mein Gruß blieb ohne Antwort. »Hatte gestern drei Zander und ein paar Mordsbarsche«, brüllte ich zu John hinüber. Er drehte sich nicht mal zu mir um. Aber meine vermeintlichen Fänge würden ihm zusetzen, da war ich sicher.

Lackaffe!

Dieser Lackaffe! Sollen ihn doch die Kormorane auffressen! Das wäre eine gerechte Strafe für einen, der einen Angelkollegen wie mich so eiskalt ignoriert. Mein Angeltag war wenig erfreulich: Jedes Mal, wenn ich meine Rute durch die Luft peitschte, malte ich mir aus, sie träfe John wie ein Peitschenhieb. Und wäre der Bleikopf-Spinner nicht ein perfektes Geschoss gewesen, um ihn aus seinem Boot zu fegen? Das hatte er verdient, dieser Kormoran mit Rute, dieser dämliche Stoffel, dem ich nicht mal einen Gruß wert war!

Immer wieder schielte ich aus der Ferne zur Insel, doch er machte keine Anstalten, den Platz zu räumen. Wahrscheinlich verließ er den See erst, nachdem es dunkel geworden war, und kam wieder, bevor es hell wurde. Aber am nächsten Tag würde ich ihm seinen Plan durchkreuzen!

Diesmal rollte ich um 3.15 Uhr auf den Vereinsparkplatz. Es war noch stockdunkel, als ich in den Füsensee stach und mich zur Insel orientierte. Ich hatte eine starke Taschenlampe dabei und freute mich schon, wie ich vor der Insel ankern, den heran rudernden John anleuchten und ihn wegjagen würde: »Sorry, John, heute gehört die Insel mir!«

Mein Ruderboot war schon fast bei der Insel angekommen, als ich vorsichtshalber meine Taschenlampe anwarf. Ich leuchtete die Kante ab. Heute war kein Boot zu sehen, heute war ich der Erste, heute ... Da schälte mein Lichtkegel aus der Dunkelheit einen grellgelben Friesennerz. Mein Herz sprang fast aus der Brust, ein heiliger Zorn stieg in mir auf. Bildete der Kerl sich etwa ein, der See sei sein Privateigentum? Meinte er, seine Vereinskollegen auf alle Ewigkeit von den dicksten Fischen fernhalten zu können? Und hielte er es nach wie vor nicht für nötig, mit mir nur ein einziges Wort zu wechseln?

Fischreiher mit Angelrute
Ich schaltete die Taschenlampe aus – er hatte sich nicht mal zum Licht umgedreht – und brüllte: »Du bist ein Fischreiher, John! Melde doch gleich deinen Hauptwohnsitz an der Kante vor der Insel an! Und einen Fischhandel kannst du auch eröffnen, mit allem, was du hier rausziehst. Und damit dir kein Kollege mehr in die Quere kommt: Gründe deinen eigenen Verein! Als Namen schlage ich vor: ‚AV Egoist!' Oder wie wäre es mit ‚AV Ruten-Kormoran e.V.' Und übrigens: Ich werde nie wieder ein Wort mit dir sprechen, nie!«

In einem Tempo, das alle Rekorde schlug, ruderte ich zurück zum Steg, schmiss mein Angelgerät in den Kofferraum und schwor mir, nie wieder an den Füsensee zu fahren. Vielleicht hätte ich mich sogar an diesen Vorsatz gehalten. Doch ein paar Wochen später rief mich mein Angelfreund Tobi an: »Martin, ich fahre morgen an den Füsensee – kommst du mit?«

»Das hat keinen Zweck. Die Insel ist rund um die Uhr besetzt. Du weißt schon: John.«

»Ich habe John schon lange nicht mehr auf dem Wasser gesehen. Dabei war ich in den letzten Wochen immer wieder dort.«

»Er liegt an der Insel. Direkt vor der Kante, im knallgelben Friesennerz. Man kann ihn beim besten Willen nicht übersehen. Ich bin stinksauer – er hat nicht mal meinen Gruß erwidert. Mehrfach. Dieser blöde Stoffel!«

Tobi lachte schallend. »Du meinst das Boot vor der Insel?«

»Genau.«

»Mach dir keine Sorgen: Ich schwöre dir, dass es uns morgen den Angeltag nicht verderben wird.«

Zweifelnd ließ ich mich auf sein Versprechen ein. Um 6.15 Uhr – er stand lieber etwas später auf – waren wir am Wasser. Ich preschte auf den Steg. Ein Blick, und ich schlug die Hände vors Gesicht: »Dort liegt er wieder! Ich hab's dir doch gesagt. Wir können heimfahren!«

»Lies mal diesen Zettel!«

Tobi schloss in aller Ruhe den Kasten mit den Rudern auf und sagte beiläufig: »Schon mal diesen Zettel gelesen?« Ich lief zum Ruderkasten und sah, dass an der Seite ein A-4-Blatt mit dicker Computerschrift klebte; bislang war es mir nie aufgefallen.

»Tu mir den Gefallen und lies es einmal laut vor!«, bat mich Tobi. Wahrscheinlich hatte er seine Lesebrille nicht dabei. Also gut! »Liebe Vereinsfreunde!«, begann ich. »Das Boot vor der Insel bitte liegen lassen. Es dient als ...« – ich stockte ahnungsvoll und holte Luft – »... dient als Kormoran-Scheuche. Die Anker sind gesetzt, der gelbe Friesennerz soll die Vögel abschrecken. Vielen Dank, der Gewässerwart!«

»Du hast mit einer Vogelscheuche gesprochen und dich von ihr verscheuchen lassen!«, prustete Tobi. Sein Gelächter ließ den alten Bootsschuppen erzittern. Die Lachwellen schwappten zu mir rüber, steckten mich an, rissen mich mit. Wir lachten beide, bis wir kaum noch Luft bekamen. Als ich wieder reden konnte, gefühlte 15 Minuten später, sagte ich: »Aber da sitzt doch einer drin, in diesem Boot!«

»Ich kenne ihn aus der Nähe, wir besuchen ihn«, sagte Tobi und trug die Ruder zum Steg.

Zehn Minuten später erreichten wir das verankerte Boot. Drinnen saß eine Schaufenster-Puppe, in einen Friesennerz gepackt, und ein Besenstil simulierte die Angelrute. Die Vogelscheuche unseres Gewässerwarts funktionierte ausgezeichnet, kein einziger Kormoran saß in den Bäumen der Insel.

Ein paar Tage später begegnet ich John auf dem Steg. »Petri Heil!«, wünschte er freundlich und fragte: »Willst du auch zur Insel? Wir können uns den Platz teilen. Kannst gerne von meinen eingefrorenen Köderfischen haben.« Ein netter Kerl, dieser John. Ich hatte ihn mir selbst zum Teufel verzerrt. Als wir an der Vogelscheuche vorbei ruderten, sagte er:

»Sieht verdammt echt aus, der Kerl!«

»Kann man wohl sagen«, entgegnete ich. Und dankte Petrus, dass Vogelscheuchen nicht sprechen können!

Gefährliche Nacht

Haben Sie eine Ahnung, warum nachts so wenig geangelt wird? Bei Tageslicht ist das Ufer unseres Vereinsteichs so voll wie die Fußballtribüne beim Spitzenspiel, zumindest im Sommer. Alle angeln, was das Zeug hält. Aber das Zeug muss gar nichts halten: Kein Fischmaul öffnet sich bei diesem Trubel für den Köder.

Anglerkinder kreischen. Anglerfrauen räkeln sich in der Sonne. Anglerhunde stürzen sich ins Wasser, weil sie den Wobbler für ein Stöckchen halten. Die Stipper fangen nur Kleinzeug. Die Spinnfischer haken Badehandtücher beim Auswerfen. Und die Bissanzeiger der Karpfenangler setzen nur zur Piepshow an, wenn wieder mal eine Luftmatratze in die Schnur geschwommen ist.

Aber kaum, dass die Sonne sinkt, ist der Spuk vorbei. Das Ufer lichtet sich wie die Tribüne des Stadions nach dem Schlusspfiff. Wenn die erste Fledermaus durch die Luft schneidet, ist das Ufer so gut wie leer. Nur ich sitze noch da. Und drüben am Walduferg steht ein Anglerzelt. Der Witz: Jetzt fängt das Beißen im Sommer erst an! Es ist, als würden die Fußballzuschauer das Stadion verlassen, bevor das Spiel angepfiffen wurde. Was treibt die Kollegen bloß nach Hause?

Es war eine mondlose Nacht. Ich grübelte. Das Ufer lag gespenstisch still. Da beschloss ich, rüber zu den Karpfenanglern zu gehen und ein paar Worte zu wechseln. Mit knackenden Schritten steuerte ich das Zelt am Waldesrand an. Da hörte ich Stimmen aus dem Zelt. Die eine: »Hörst du das?« Die andere: »Ja! Verdammt, was ist das bloß« – »Ein Tier?« – »Dann aber ein großes!« – »Oder will uns einer ausrauben?« Die Stimmen verstummten. Ich lauschte. Sie lauschten. Mir war, als würde die Zeltwand zittern. Da drehte ich um. Meine Frage war beantwortet: Viele Angler sind einfach Hasenfüße. Die Dunkelheit macht ihnen Angst. Warum eigentlich? Ist doch ganz harmlos, nachts unter freiem Himmel!

Da fuhr ein schrilles Pfeifen in meine Ohren. Vor Schrecken sprang ich in den See und tauchte gerade rechtzeitig wieder auf, um zu sehen, wie einer der Karpfenangler seine Rute aus dem blinkenden Bissanzeiger hob. Der Anhieb saß.

Die verpuffte Heldentat

In Florida wurde neulich ein Rettungsschwimmer entlassen, weil er es gewagt hatte, das Leben eines Ertrinkenden *außerhalb* seines eigenen Zuständigkeitsgebietes zu retten. Erst war ich wütend auf die Schwachköpfe, die ihn gefeuert hatten. Aber bin ich beim Angeln wirklich besser?

Diesen Sommer angelte ich an einem Vereinssee mit Tauwurm auf Wels. Um 2 Uhr nachts bekam ich einen heftigen Biss. Der Fisch raste wie ein Torpedo davon, meine Bremse sprühte Funken in die Nacht (okay, ich übertreibe, aber nur ein wenig!), und mein Herz hämmerte wie das Schlagzeug der »Toten Hosen«. In Gedanken sah ich mich mit einem Wels von zwei Metern im Jahrbuch meines Angelvereins abgebildet – eine Sensation, weil in diesem See noch nie ein Wels von über 1,20 Meter gefangen wurde.

Wie dieser Fisch kämpfte! Er zog mein Boot mit einer Leichtigkeit über den See, als wäre ich nur das Beiboot der MS Europa. Eine Ewigkeit dauerte es, bis ich ihn doch ans Boot gedrillt hatte. Ich holte aus zum Wallergriff. Da tauchte im Kegel meiner Stirnlampe ein kugelrunder Goldbauch auf. Und ich? Statt mich über einen Riesenkarpfen von über 30 Pfund zu freuen, rief ich: »Nein!«

Über denselben Fisch hätte ich beim Karpfenangeln gejubelt. Aber heute lag der Karpfen außerhalb meines Zuständigkeitsgebietes, und dieses hieß: Wels. Deshalb ging es mir wie dem Rettungsschwimmer: Meine Heldentat verpuffte! Wahrscheinlich wäre meine Freude über einen großen Wels ebenso getrübt gewesen, hätte er zufällig beim Karpfenangeln gebissen. Es geht mir da wie dem Mittelstürmer, der im Strafraum angeschossen wird, und der Ball prallt ins Tor ab: Über solche Zufallstreffer kann ich mich höchstens mit halbem Herzen freuen. Am meisten Spaß habe ich beim Angeln tatsächlich, wenn meine Pläne aufgehen, statt von Überraschungen, auch positiven, durchkreuzt zu werden. Immerhin bin ich froh, dass der Riesenkarpfen mich nicht aus dem Boot gerissen hat. Auch wenn der Rettungsschwimmer aus Florida sein Zuständigkeitsgebiet bekanntlich ausdehnt: Über den großen Teich wäre er für mich kaum geschwommen!

So sprechen Sie Anglerlatein!

Wenn Angler über ihre Fänge erzählen, biegen sich die Ruten und die Balken. Kann man Anglerlatein lernen? Klar doch – in folgenden zehn Schritten.

Anglerlatein kann jeder? Die meisten können es eben nicht! Schon ein kleiner Fehler genügt, und die Münder öffnen sich zum Gähnen. Oder ganze Lügengebäude stürzen krachend zusammen. Dann schrumpft der Meterhecht auf sein wahres Format. Die Zuhörer sind enttäuscht. Und ein Angler, der als Held dastehen wollte, endet als Maulheld.

Nein, ein echter Angel-Lateiner muss Regeln beachten. Hier erfahren Sie die zehn wichtigsten Schritte zu perfektem Anglerlatein – natürlich nicht, um es selbst anzuwenden (das würde ich Ihnen nie unterstellen), sondern nur, um Ihre Kollegen zu durchschauen (die natürlich pausenlos schwindeln). Und wenn Sie mich jetzt fragen, woher ich diese Regeln so gute kennen: natürlich vom Zuhören ...

Fangen Sie trotz schlechter Prognosen!
Wenn Sie einen Meterhecht fangen, aber am gleichen Tag sind zwei weitere Großhechte gefangen worden, dann ist Ihr Fang kein einmaliger Paukenschlag, sondern nur ein verwechselbarer Takt im Fangkonzert: Routine statt Meisterleistung. Dieser Gefahr können Sie vorbeugen, indem Sie in Ihrer Erzählung einen scharfen Kontrast zu Ihrem Erfolg zeichnen: den Misserfolg anderer Angler.

Zum Beispiel heben Sie hervor, dass drei Kollegen seit dem Morgengrauen ohne jeden Biss an Ihrem Gewässer ansäßen, in der festen Überzeugung, ein Fischsterben habe den kompletten Bestand dahingerafft. Einer war vom Nicht-Fangen schon so wahnsinnig geworden, dass er kurz davor stand, in seinen eigenen Gummifisch zu beißen. Und natürlich haben die Kollegen Ihnen geraten, Ihr Gerät erst gar nicht auszupacken und gleich wieder nach Hause zu fahren.

Die Aussichtslosigkeit muss ihren Höhepunkt genau dann erreicht haben, wenn Sie mit großen Schritten die Uferbühne betreten – auf zum Fangen!

Suchen Sie sich einen Dummen als Kontrastmittel!
Um Ihr Genie zum Strahlen zu bringen, sollten Sie in Ihrer Nähe ein weniger helles Licht platzieren. In Nachbarschaft eines Analphabeten erscheint jeder, der einen fehlerfreien Satz schreiben kann, als eine Art Goethe. Zum Beispiel könnten Sie sagen: »Ich habe zusammen mit Klaus geangelt. Als er meinen 35-Zentimeter-Gummifisch sah, bekam er einen Lachkrampf: ‚Was willst du denn damit fangen? Krokodile?'
‚Richtig', sagte ich, ‚ein Hechtkrokodil'.
Er lachte erneut, diesmal noch lauter. Doch ich sagte: ‚Der Hecht nimmt am liebsten Beutefische, die zehn Prozent von dem wiegen, was er selbst auf die Waage bringt. Wusstest du das nicht? Aus den Augenwinkeln sah ich ein paar Minuten später, dass Klaus auf einen größeren Köder umstellte.«
Natürlich werden sich Ihre Zuhörer mit Klaus identifizieren, sich ebenfalls über Ihren großen Köder wundern, Sie schließlich bewundern – und umso mehr darauf warten, wie Ihre gekonnte Angelei ihrem spektakulären Höhepunkt entgegenstrebt.

Sorgen Sie für Naturkatastrophen!
Je früher in Ihrer Erzählung der Riesenfisch beißt, desto weniger schwierig erscheint sein Fang. Darum sollten Sie es wie ein Regisseur in Hollywood halten: Verschieben Sie den Höhepunkt kurz vors Ende Ihrer Erzählung – und sparen Sie nicht mit Hindernissen, vorzugsweise Naturkatastrophen. Lassen Sie die Erde beben, Kormorane einfallen, Sturzfluten über Ihr Gewässer hereinbrechen oder eine Ölkatastrophe geschehen – jedenfalls Ereignisse, die einen Fangerfolg nahezu unmöglich erscheinen lassen.
Zum Beispiel könnten Sie sagen: »Kurz vor meinem Angeltag prasselte ein Sturzregen in den Fluss, der Pegel stieg so hoch, dass ich kaum mehr das Ufer sah. Ich dachte natürlich, der Angeltag sei gelaufen, hier ist nichts mehr zu holen. Erst recht, weil ich die Autos der Kollegen vom Wasser abdrehen sah.« Eine Riesenflut, die es für den Riesenfang doch noch zu teilen gilt – jeder will wissen, wie Ihnen dieses Kunststück als Angel-Mooses gelingt!

Schildern Sie ein langjähriges Duell!
Ein Fisch, der zufällig vorbeikommt und Ihren Köder nimmt, ist als

Gegenspieler für eine dramatische Fanggeschichte ungeeignet. Nein, Sie brauchen einen Gegner, mit dem Sie sich seit Jahren duellieren, einen regelrechten Feind – zum Beispiel einen Hecht, der Ihnen schon zweimal das gesamte Geschirr zerfetzt hat; einen Hecht, der sämtliche Besatzkarpfen Ihres Vereins als Vorspeise frisst (weshalb dieser kurz vor der Pleite steht) und die Entenküken als Hauptgang hinterher; einen Hecht, dem Sie seit vielen Jahren auf den Fersen beziehungsweise Flossen sind, aber stets den Kürzeren gezogen haben – wie Hunderte andere Angler auch. Ein solcher Gegner hat das Format, eine Angellatein-Geschichte mit der nötigen Dramatik zu versorgen.

Verschieben Sie den Fang auf die letzte Sekunde!
Natürlich wäre es viel zu einfach, dass der Kapitale schon nach einer Stunde beißt. Das klingt zu sehr nach einem Sonntagsspaziergang. Sorgen Sie dafür, dass der Fang nicht in der regulären Spielzeit stattfindet, sondern am Ende der Verlängerung – nachdem Sie die Hoffnung schon aufgegeben, den Fang abgeschrieben und in Gedanken den Heimweg angetreten haben.

Jeder Ihrer Zuhörer wünscht Ihnen in Gedanken schon »Herzliches Beileid!« zum Schneidertag. Aber da, in der letzten Sekunde – rhetorischer Trommelwirbel! – taucht Ihre Pose mit einem meterbreiten Strudel ab. Oder Ihre Spinnrute legt sich so krumm, als hätten Sie einen fahrenden ICE gehakt. Oder Ihr Bissanzeiger heult wie die eine Feuersirene in der Nacht des Großbrandes.

Eine solche überraschende Wendung lässt die Ohren der Zuhörer wachsen und gibt Ihnen die Chance, als Retter des Angeltags in Aktion zu treten.

Machen Sie sich zum David!
Wer einen Meterhecht an einer 0,35er Monofilschnur ausdrillt, wird dafür keinen Applaus ernten. Einen dicken Fisch an dickem Gerät zu fangen – keine Leistung! Aber was, wenn Ihr Meterhecht sich auf einen Barschwobbler an der 0,12er Monoschnur wirft? Dann stehen die Chancen 99 zu 1 für den Fisch; dann sind Sie im Drill der heillose Außenseiter.

Kaum ein normaler Angler wäre dieser Herausforderung gewachsen. Aber Sie sind ja kein normaler Angler, sondern ein einmaliger Könner!

Und mit dem ruhigen Händchen eines Bomben-Entschärfers (Ihr Hecht besteht aus 30 Kilo Sprengstoff!), mit den Zaubertricks eines Großfisch-Serienfängers, mit den höheren Weihen der Drillkunst gelingt es Ihnen, den unsagbaren Kräften des Fisches doch zu trotzen.

Hier tritt ein Drachentöter gegen ein Riesentier an, aber nicht mit einem großen Speer, sondern nur mit einer winzigen Stecknadel gerüstet. Niemand ist für Goliath, alle sind für David – und der David sind Sie!

Schildern Sie keinen Drill – sondern eine Schlacht!
Eigentlich besteht ein Drill darin, dass Sie so lange pumpen, bis der Fisch müde ist und in Ihren Kescher gleitet. Die Arbeit wird nicht von Ihnen verrichtet, sondern von Ihrer Rollenbremse. An ihrem Widerstand arbeitet sich der Fisch ab, bis er erschöpft seinen weißen Bauch zeigt.

Aber mit einer solchen Schilderung können Sie keine Forelle hinterm

Stein hervorlocken. Ihre Zuhörer werden mit offenem Mund vor Ihnen stehen, gähnend. Achten Sie also darauf, dass in Ihrem Drill ein dramatisches Hindernis auftaucht.

Zum Beispiel könnte Ihr Riesenwels auf einen versunkenen Baum zusteuern, im Tempo eines landenden Flugzeugs (was sich gut trifft, da er in etwa dasselbe Gewicht hat). Die Rollenbremse dreht sich im Tempo einer schleudernden Waschmaschine, der Fisch ist einfach nicht zu halten, alles scheint verloren. Aber dann kommt Ihnen ein genialer Einfall. Zum Beispiel neigen Sie Ihre Rute nicht mehr vom Hindernis weg, sondern genau dorthin (worauf Sie Ihr Doktor Watson am Wasser anfleht, diesen Unsinn doch bitte sofort zu lassen!). Doch Sie verfolgen einen raffinierten Plan: Weil Sie Druck in Richtung des Hindernisses machen, wollen Sie den Gegendruck des Fisches provozieren. Und tatsächlich, in letzter Sekunde wechselt das landende Flugzeug die

Richtung – jetzt zischt der Riesenwels wieder zurück ins Freiwasser. Und denken Sie daran, dass große Fische nicht einfach unsichtbar im Erdgeschoss des Gewässers fliehen. Nein, der dramatische Drill muss sich an der Oberfläche spiegeln! Lassen Sie Hecht und Welse so dicht unter der Oberfläche fliehen, dass sie Bugwellen wie Rennboote ziehen, deren Wellenschlag Ihnen locker in die Watstiefel schwappt. Bei sprungwilligen Fischen wie Hecht oder Forelle empfiehlt es sich, sie mindestens dreifache Saltos schlagen zu lassen. In Erzählungen von Friedfisch-Drills kommt es gut, dass immer wieder meterbreite Schlammwolken und Blasenteppiche nach oben quellen – die Hölle muss los sein.

Denken Sie daran, dass Ihr Fisch spitz gehakt ist!

Nichts ist langweiliger als ein großer Fisch, der sicher hängt, vielleicht sogar geschluckt hat. Eine solche Beute erregt Mitleid. Was Sie jetzt brauchen, ist allergrößte Dramatik – und die entsteht, wenn die Zuhörer jede Sekunde damit rechnen, dass Sie Ihren Riesenfisch doch noch verlieren. Also: Erzählen Sie, dass Sie beim ersten Anblick Ihres Fisches an der Oberfläche einen (vorübergehenden) Herzstillstand erlitten haben – denn der Haken saß nur so knapp im Maulwinkel, dass schon ein Windhauch ihn hätte rauspusten können.

Jeder andere Angler hätte einen solchen Fisch sofort verlorengegeben. Aber Sie, mit Ihrem goldenen Händchen, nehmen die Herausforderung an. Zum Beispiel fahren Sie Ihren Arm gefühlte drei Meter weit aus, um den Fisch vorzeitig mit dem Kescher zu überrumpeln (Szenenapplaus!). Oder Sie stellen Ihre Rollenbremse so weich, dass der Haken sich einfach nicht mehr lösen kann – während Sie den Fisch in den nächsten Stunden förmlich durch Lockrufe in Ihren Kescher holen (Szenenapplaus!). Und natürlich muss sich der Haken sofort aus dem Maul lösen, sobald der Fisch gelandet ist.

Natürlich ist der Kescher zu klein!

Man kennt das ja von Fernseh-Krimis: Wenn der Mörder erst mal verhaftet ist, schalten die Zuschauer aus. Deshalb ist es wichtig, dass Sie den Fisch nicht einfach festnehmen, sondern ihm eine letzte Fluchtchance einräumen. Und weil der Fisch so groß ist, wie es

niemals zu erwarten war, ist Ihr Kescher natürlich zu klein. Da kommt also ein mittlerer Baumstamm auf Sie zu, und Ihren ist sofort klar, dass Sie ihn niemals werden landen können – nicht mit diesem Netz!
Und nun braucht es eine Alternative, möglichst spektakulär. Zum Beispiel könnten Sie den Fisch über Ihr 2,20 Meter langes Rutenfutteral führen. Oder Sie rufen ein paar zufällig vorüberfahrende Schlauchboot-Paddler zu sich, die ihr Boot im Uferwasser versenken und Sie beim Kampf gegen den Monsterfisch unterstützen. Spätestens, wenn der Hecht bei der Landung seine Zähne in das Schlauchboot gerammt hat, die Luft raus ist, die schreienden Paddler geflüchtet sind und Sie Auge in Auge mit dem Monster kämpfen – spätestens jetzt sind Sie Ihrem Diplom in Anglerlatein verdächtig nahe! Aber ein Punkt – vielleicht der wichtigste! – fehlt noch.

Lassen Sie Ihren Fisch mächtig wachsen!
Am Ende eines Fußballspiels will jeder das Ergebnis wissen. Und am Ende des Drills? Die Größe des Fisches! Wenn Sie die realen Maße nennen (was nur in den seltenen Fällen möglich ist, in denen Sie tatsächlich einen Fisch gefangen haben!), kann das zu herben Enttäuschungen führen: Ihre Geschichte hat den Zeiger der Erwartungswaage in solche Höhen getrieben, dass Sie nun Ihr Versprechen einlösen und die Maße eines wahren Fischmonsters in den Raum schmettern müssen.
Ein beliebter Kniff besteht darin, das wahre Maß zu nennen, aber die Ziffern zu vertauschen: So wird aus der 36-Zentimeter-Schleie eine 63er. Und der 1,14-Meter-Hecht schwimmt durch die Geschichte als 1,41-Meter-Exemplar. Bei Karpfen hat sich die Behauptung bewährt, dass die 25-Kilo-Waage bis zum Anschlag strapaziert wurde, während der Fisch nur einen kleinen Teil seines Gewichtes in die Waagschale geworfen hatte. Und der Wels sollte so groß sein, dass es unmöglich war, ihn mit mehreren Personen zwecks Vermessung an Land zu transportieren. Aber ein Tagesmarsch an der Flanke des Welses entlang, mit gezählten Schritten, habe ein zuverlässiges Maß ergeben (natürlich in Kilometer).
Wenn Sie Ihre Geschichte in diesem Sinn abschließen, haben Sie Ihr Diplom als Angellateiner bestanden – sorry, ich meine natürlich: als Angellatein-Durchschauer beim Zuhören. Denn Sie und ich, wir schwindeln nie!

Verhexte Löcher

Eigentlich glaube ich nicht an Hexerei. Über Kollegen, die dreimal aufs Holz ihres Wobblers klopfen, bevor sie ihn auswerfen, amüsiere ich mich köstlich. Und doch, es gibt Phänomene beim Angeln, die ich mir nicht erklären kann.

Zum Beispiel die Löcher in meinen Stiefeln. Egal, welche Stiefel ich mir kaufe, ob knie- oder hüfthoch, billig oder teuer, Neopren oder Gummi: Spätestens nach vier Wochen am Wasser gleichen sie einem Schweizer Käse (nein, das hängt nicht nur mit dem Geruch meiner Füße zusammen!).

Natürlich sind die Löcher unsichtbar, so dass ich nur zwei Möglichkeiten habe, sie nachzuweisen: Entweder ich gehe ins Wasser, werde nasser, aber nicht schlauer. Oder das Wasser geht in die Stiefel, während ich an Land bleibe. Kennen Sie das vergnügliche Gefühl, eine Wathose mit 20, 30 Litern Wasser zu füllen und zu schauen: Ja wo tropft sie denn?

Und nun erklären Sie mir bitte, wie Löcher von der Größe einer Nadelspitze auf Höhe der Außenseite meiner Oberschenkel entstehen können? Oder vor meinem Bauch? Oder an der Wade? An den Sohlen, mit denen ich über Stock und Stein gehe, würde ich das ja noch verstehen. Aber hier?!

Und damit ein Dummkopf, der bereits einen nassen Hintern hatte, sich noch mal einen holt, hat irgendwer den Stiefelkleber erfunden. Tastend betrete ich in der geflickten Wathose das Wasser, lauernd auf jeden Tropfen, der eintritt. Nichts geschieht, ich wäge mich in Sicherheit, widme mich den Forellen. Natürlich tritt das Unglück, also das Wasser, mit ein paar Minuten Verspätung ein – verhext!

Bis heute habe ich keine Erklärung, wie die Löcher in meine Stiefel kommen. Genauso schleierhaft ist mir, warum alle Ködernadeln aus meiner Kiste verschwinden, alle Trockenfliegen spätestens nach drei Würfen untergehen, alle Mückensprays doch nicht helfen und jeder kleine Spinner, der mir ins Gras fällt, vom Erdboden verschluckt wird.

Eigentlich glaube ich nicht an Hexerei. Aber dass es beim Angeln manchmal zugeht wie verhext, daran glaube ich doch!

So gehen Sie über Bord!

Über Bord gehen? Beim Bootsangeln? Unmöglich! Man »geht« nicht, man stürzt oder stolpert, fällt oder fliegt über Bord.

Diese Manöver haben mit einem Gang ins Wasser so wenig Ähnlichkeit wie ein dreifacher Salto mit einem Purzelbaum. Es spritzt, als wäre ein Flugzeug vom Himmel gefallen. Als erstes taucht der Hut wieder auf, dann – mit etwas Glück – auch sein Besitzer. Der Wellenschlag eines solchen Sturzes peitscht bis ans entfernteste Ufer.

Wie gelingt es Ihnen, beim Bootsangeln im Wasser zu landen? Ein Unglück kommt selten allein, Sie brauchen einen tüchtigen Mitangler! Besonders geeignet ist ein Zappelphilipp, der sich ruckartig wie ein Breakdancer bewegt, natürlich ohne Vorwarnung. Wie die Katze sich Flöhe aus dem Fell schüttelt, so schüttelt er jeden Kollegen über Bord.

Ziehen Sie Mitangler ab 120 Kilo und leichte Schlauchboote vor, das erhöht Ihre Chancen. Wenn diese Brocken ihr Gewicht verlagern, wird die andere Seite des Boots, wo Sie gerade auf Zehenspitzen stehen, wie eine Wippe nach oben geschleudert. Eine Startrampe in Cape Canaveral ist nichts dagegen. Guten Flug!

Glücklicherweise sind zappelige Angler oft preisgekrönte Lebensretter, da sie jede Gelegenheit nutzen, ihre Opfer wieder an Bord zu holen. In guten Jahren landen sie mehr Mitangler als Hechte; das erhöht Ihre Überlebenschancen beträchtlich.

Mit etwas Glück kann Ihnen ein Sturz ins Wasser auch ohne fremde Hilfe gelingen. Vorzugsweise beim Pinkeln. Wer gute Manieren hat, lehnt sich so weit über Bord, dass seine Haltung an einen Skispringer beim Flug erinnert. Allerdings fällt die Bauchlandung im Wasser nicht ganz so elegant aus.

Wozu gibt es schließlich Schwimmwesten? Schlimmstenfalls, damit man sich vorm Ertrinken noch ein paar Vorwürfe für die Leichtfertigkeit des Angelns »oben ohne« machen kann. Bestenfalls, damit der erste Reinfall nicht der letzte bleibt.

Martin Wehrles unschlagbare Fangrezepte

ISBN 978-3-275-01868-0
€ 14,95 / €(A) 15,40

ISBN 978-3-275-02000-3
€ 19,95 / €(A) 20,60

ISBN 978-3-275-02047-8
€ 19,95 / €(A) 20,60

Überall, wo es Bücher gibt,
oder unter:
WWW.MUELLER-RUESCHLIKON.DE
Service-Hotline: 0711 / 78 99 21 51

Änderungen in Preis und
Lieferfähigkeit vorbehalten